MICHAEL ROES

WEG NACH TIMIMOUN

MICHAEL ROES

WEG NACH TIMIMOUN

ROMAN

Matthes & Seitz Berlin

BEJAIA

Sie schwimmen. Zwei ferne unscharfe Körper im Lichtschaum der unruhigen See. Sollten sie um die Wette schwimmen, dann ohne jede sichtbare Anstrengung. Für Nadir wäre es ein leichtes Spiel, ihm davonzukraulen. Laid ist bereits an der Grenze seiner Leistungsfähigkeit, während sein Freund mit kräftigen, ausdauernden Zügen das Wasser durchpflügt. Laid hat Mühe, mit derselben Unangestrengtheit an seiner Seite zu bleiben. Trotzdem will er nicht die vollkommene Harmonie stören, mit der sie sich wie ein Zwillingspaar durch das Wasser bewegen.

Sie schwimmen auf eine einsam gelegene, von steilen Felsen umgebene Bucht zu, die nur durch einen fast verborgenen Ziegenpfad zu erreichen ist. Erschöpft wirft Laid sich in den feinkörnigen Sand. Nadir legt sich neben ihn. Sein Atem geht ruhig, als sei ihr Schwimmarathon nur ein harmloser Strandspaziergang gewesen. Die noch niedrige Frühjahrssonne bricht sich in den silbrigen Salzwassertropfen auf seiner glatten weißen Haut.

Meine Schwester hat mir geschrieben. – Laid versucht, seiner Stimme einen beiläufigen Klang zu geben.

Ebenso beiläufig antwortet Nadir: Was will sie von dir?

Sie bittet mich, endlich nach Timimoun zurückzukehren. Sie hält das Zusammenleben mit meiner Mutter und meinem Stiefvater nicht länger aus.

Und wie kannst du ihr helfen? Soll sie doch endlich heiraten.

Ich habe dir doch von dem Unglück erzählt, das meinem Vater zugestoßen ist, als er aus dem Krieg zurückkam! – Er richtet seine Worte weiterhin in den fernen kalten Himmel über ihnen.

Ich erinnere mich, antwortet Nadir.

Sie gibt meiner Mutter und ihrem neuen Mann die Schuld. Sie will, daß ich unseren Vater räche.

Abrupt richtet Nadir sich auf. Ein glitzernder Sandpanzer bedeckt seinen kräftigen Rücken und ein goldener Sandhelm das nasse schwarze Haar: So ein Unsinn! Wir leben doch nicht mehr im Mittelalter!

Die Menschen in Timimoun schon.

Was willst du tun? – Er zieht den Kleiderhaufen zu sich heran, fischt den Tabakbeutel aus einer Tasche seiner Jeans und dreht sich mit sandigen Händen eine Zigarette.

Ja, was will ich tun? Warum hat sie mir geschrieben? Was will sie von mir, was sie selber nicht tun kann? – Ich war nie glücklich, wenn wir zusammen waren. Gut, als Kinder haben wir viel gelacht, aber wie in einem Anfall, bei ernsten oder traurigen Anlässen, wo jede Form des Gelächters vollkommen unangebracht war. Ein kurzer Blickwechsel zwischen Assia und mir genügt, und wir können uns nicht mehr zurückhalten. Wir prusten die Salven hinaus, bis der Bauch uns schmerzt, die Augen tränen und wir vor Atemnot blau anlaufen. Und kaum hat sich einer von uns für einen Augenblick beruhigt, steckt ihn der andere mit

seinen angestauten und nicht länger zu unterdrückenden Lacheruptionen wieder an.

Zarouias strenge Blicke machen alles nur noch schlimmer. Jeder dieser Anfälle endet schließlich damit, daß sie uns aus ihrer Küche wirft.

Ibrahim hingegen steht manches Mal selbst kurz vor der Explosion. Seine Augen schwimmen bereits in Tränen, seine Bauchdecke zittert verdächtig. Spätestens in diesem Stadium ist Mutter gezwungen, augenblicklich zu handeln. Die Albernheit von uns unreifen Bälgern ist ja noch entschuldbar, ein Verlust der Selbstbeherrschung ihres Gatten aber – ja, zutrauen würde sie es ihm, diesem nie ganz erwachsen gewordenen Herzens- und Genickbrecher.

Unser epileptisches Gelächter jedoch ist weder kindlich noch heiter, sondern freudlos und verzweifelt, eine Karikatur heillosen Weinens.

Nein, ich will nicht zurück in diese sepiafarbene Vergangenheit. Doch habe ich die Wahl?

Ich werde wohl nach dem Rechten sehen müssen, antwortet er nach einer Weile. Ich bin der Älteste.

Wenn du willst, werde ich dich begleiten. – Er reicht Laid den Zigarettenstummel.

Eine merkwürdige Angewohnheit Nadirs, mir den Rest seiner Zigarette anzubieten, eine Art Ritual, seit wir uns kennen. Und ich nehme den Stummel an, rauche einen letzten Zug und drücke ihn aus. Dabei schmecken mir Zigaretten gar nicht. Noch nie habe ich mir selber Zigaretten gekauft oder eine geschnorrt. Und bei niemandem sonst würde mir einfallen, seine speicheldurchtränkte Kippe zu Ende zu rauchen. Es wird wohl dieselbe Bedeutung wie das Herumreichen der Friedenspfeife unter Indianern haben.

Du willst zweitausend Kilometer mit mir durch die Wüste fahren, in eine staubige, von Gott verlassene Oase?

Hol mich um vier von der Raffinerie ab. Ich habe noch zwei Wochen Urlaub.

Laid steuert die alte, qualmende Maschine. Nadir sitzt hinter ihm, hält sich am rostigen Gepäckträger fest. Genießt voller jugendlicher Ausgelassenheit die selbstmörderische Fahrt den schmalen steinigen Pfad entlang über das schroffe Cap Carbon in die Stadt. Scheint bereits voller Freude zu sein, sie endlich kennenzulernen, von der Laid bisher so gut wie nichts erzählt hat. Für ihn ist es das Wichtigste, daß Assia eine junge, unverheiratete Frau ist.

Hier in der Stadt fragt niemand nach dem Befinden meiner Eltern und Geschwister, läßt niemand sie beim Abschied grüßen. Hier in der Stadt zählt nur der einzelne, zählt nur das, was er darstellt, was er geworden ist, und nicht das, was ihn dazu gemacht hat. Es sei denn, man ist in der Kasbah aufgewachsen und entstammt einer der alteingesessenen Familien. Die Kasbah ist wie ein Dorf. Deswegen meidet jeder Zugereiste die Enge der Altstadt.

Insgeheim hassen sie uns Zugewanderte, selbst wenn es bereits unsere Vorväter waren, die ihr Dorf verlassen haben und in die Stadt gezogen sind. Sie hassen uns, weil wir aus ihrem Dorf erst eine Stadt gemacht haben.

Eine feuchtwarme Luft empfängt sie zwischen den bröckelnden Fassaden der alten französischen Stadt mit ihren gestutzten Alleebäumen. An den Kaianlagen der süßliche Gestank der Abwasserkanäle, die sich in die malerische Bucht ergießen. Kot schwimmt auf der öligen Oberfläche. Angler sitzen nicht weit vom Eintritt der Stadtkloake in die Bucht auf der Mole. Der Fäkaliengeruch scheint sie nicht zu stören. Offenbar gibt es hier die dicksten Fische. Wenige Meter entfernt werden sie den Passanten auf umgestülpten Obstkisten zum Kauf angeboten.

Die Alten sitzen auf den Uferbänken wie ausgestopft, die Männer auf der einen, die Frauen auf der anderen Bank, die Geschlechter unter sich, alle einander ähnlich, wie Mönche oder Soldaten, dieselben farblosen Kleider, dieselben versteinerten Gesichter.

Er setzt Nadir am Werkstor ab.

Also, bis heute nachmittag um vier, Laid! – Er klopft seinem Gefährten freundschaftlich auf die Schulter: Und mach nicht so ein ernstes Gesicht. Die Frischvermählten könnten sonst noch glauben, deine gequälte Miene bezöge sich auf sie!

Laid zwingt sich ein Lächeln ab, verabschiedet sich mit einer stummen, flüchtigen Handbewegung, wendet das Moped und knattert in Richtung Stadtmitte davon.

Jetzt, wo es entschieden ist, wirkt er gelassener. Die Bauchschmerzen sind einer heiteren Resignation gewichen. Was lasse ich denn zurück! Hier herrscht doch nur eine freudlose Bequemlichkeit.

Vor dem Beginn des Terrors mag diese Stadt weltläufig und heiter gewesen sein. Das war vor seiner Ankunft. Er selbst hat sie immer nur mißtrauisch und mürrisch erlebt. Kaum zu glauben, daß es einmal unzählige Musikkapellen gegeben haben soll, die auf den kleinen Plätzen der Stadt gespielt oder musizierend durch die engen Gassen gezogen sind. Heute dringt manchmal ein schwermütiges Chanson von Francis Cabrel aus scheppernden Lautsprechern auf die Straße. Und selbst dieser Nachhall einstiger Musikbesessenheit ruft bei den Passanten noch ein mißbilligendes Kopfschütteln hervor.

Die Luft in den engen Gassen ist vom Rauch aus den Schloten der Raffinerie vergiftet. In seiner Nase aber ist es der Geruch Nadirs, der in seinen Kleidern und Haaren hängt, wenn er ihn direkt nach der Arbeit zu einem Bad im Meer abholt.

Weiß nicht, was ich davon halten soll, daß er mich begleiten will. Es sollte mich eigentlich glücklich machen. Aber was ist das schon, das Glück. Nichts, für dessen Erlangung wir etwas tun könnten. Allenfalls fällt es uns unerwartet zu, ein unverdientes Geschenk, das uns genauso unverhofft wieder genommen wird.

Er öffnet die Tür zu seinem Laden. Müßte die Schaufensterscheibe mal putzen. Die kleine Ausstellung grellbunter goldgerahmter Hochglanzfotos von rotwangigen Hochzeitspaaren, blassen Knaben in engsitzenden schwarzen Anzügen und pausbäckigen Mädchen in blütenweißen Taftkleidern ist hinter der grauen Schmutzkruste kaum zu erkennen. – Aber das denkt er jeden Morgen, ohne je zu Eimer und Schwamm zu greifen. In dem Dorf, aus dem er kommt, putzt ein junger Mann keine Fenster.

Er schiebt das Moped ins Atelier, macht Licht und wendet das Schild an der Ladentür, so daß von außen der Schriftzug OUVERT zu lesen ist.

Hat er denn seinen Beruf nicht mal geliebt? Nun, eingepfercht in dieses enge fensterlose Hinterzimmer mit seinen zwei, drei verschiedenen Prospekten – palmengesäumter Südseestrand, schneebedecktes Alpenpanorama, die Bucht von Bejaia bei Sonnenuntergang – und die wechselnden Brautpaare oder herausgeputzten Kinder davor, kommt dieser Beruf ihm genauso staubgrauverhangen wie dieses Schaufenster vor. Sein ausdrucksloses Gesicht hinter der Plattenkamera. Mit jedem Aufflammen des Blitzlichts ein verlogen farbenprächtiges Familienportrait für die heimische Kommode oder Wohnzimmerwand.

Sie wollen keine Kunst von mir, sondern genau diese farbenfrohe grellgeschminkte Lüge, wie sie bereits die Eltern von ihrem glücklichsten Tag schießen ließen und goldgerahmt auf den Fernseher plazierten. Was bleibt sonst für die eigenen Kinder, die sich ebenso wie das Geschwisterpaar vor meiner Linse irgendwann fragen werden, was ihre Eltern einmal aneinander gefunden haben mögen.

Am Morgen erschien für einen Augenblick die Küste. Doch die Sonne im Zenit trifft er am Äquator, in der Großen Wüste, dunkel violett, wie ein aufgerichteter abgestorbener Arm mit geballter Faust.

Ein Sandsturm bricht los, Sirenen, schwarze Miliz, zusammenstürzende Plattenbauten. Der durchgerostete Tanker legt ab, den Bauch voll magerer verdurstender Dorcagazellen in einer goldenen Pfütze Öl. Wohl zuviel Salzwasser geschluckt. Muß mich für einen Augenblick hinlegen.

Nadir in engem schmutzstarrendem Unterhemd, Arme, Hände und Gesicht ölverschmiert. Arbeitet schwitzend an der Verladerampe. Nach einem Blick auf die Werksuhr verabschiedet er sich von den Kollegen, geht über das Raffineriegelände zur Wasch- und Umkleidebaracke seiner Schicht, zieht die Arbeitskleidung aus und springt unter eine der Gemeinschaftsduschen.

Er zieht sich saubere Kleidung an und wirft das ölverschmierte Zeug in seine Sporttasche. Da er das Haar militärisch kurz trägt, wirft er nur einen kurzen Blick in den Spiegel, streicht einmal mit der rauhen Hand über die Stoppeln und verläßt dann die Baracke.

Mit dem Bus fährt er von der Raffinerie in den Vorort, wo er mit seinen Eltern und Geschwistern in einer Notunterkunft wohnt. Ein Dunst aus zerkochten Bohnen und Staub. Bald wird das Neubaugebiet sich bis in die unmittelbare Nachbarschaft der Barackensiedlung vorgearbeitet haben. Eine Frage der Zeit, daß auch diese letzten häßlichen Ausdünstungen der Not dem sauberen Geruch nach Teer und Beton weichen werden.

Ich glaube, er mag seinen Vater, auch wenn der es nie über Hilfsarbeiterjobs hinausgebracht hat und vor allem von dem lebt, was Nadir heimbringt. Jedenfalls hat Nadir immer nur respektvoll von ihm gesprochen. In unserem Haus hingegen fehlte ein erwachsener Mann. Wachse in einem reinen Weiberhaushalt auf. Bin der einzige, der in diese Rolle hineinwachsen könnte. Soll früher als andere Jungen sauber sein, laufen und sprechen können, reiten und radfahren lernen, Mann sein. Mit dem Ergebnis, daß ich in allem zurückbleibe und zu spät bin, erst laufen lerne, als andere Jungen schon Räuber und Gendarm spielen, erst zu sprechen beginne, als andere sich bereits mit tausend Schimpfworten bewerfen, bei meinen ersten Fahrversuchen vom Rad stürze und mir die Hand breche und mir mit der Steinschleuder fast das eigene Auge ausschieße, ein blasser, schmalbrüstiger Knabe, zu früh entwöhnt, um Jahre zurückgeblieben, bis in die Pubertät hinein Bettnässer, bis heute ein Gelegenheitsstotterer, ein Muttersöhnchen, das den Ball nicht fangen kann und ihn wie ein Mädchen wirft und statt mit dem Luftgewehr auf Hornvipern und Palmtauben mit seiner Leica Augenblicke schießt.

Hier in der Stadt gibt er sich unnahbar und hart; mit einer Hand sofort am Messer, wenn er seine Ehre angegriffen glaubt, ganz wie man es von einem zurückgebliebenen Oasenbauern erwartet. Dabei bin ich gar nicht so! Und doch ertappt er sich immer wieder bei diesem ihm selber fremden Verhalten. Es genügt ein Wort, ein Blick, und sie haben mich wieder da, von wo ich mich längst entfernt glaubte: Erklärt dem Beduinen mal, was ein Pariser ist! Der hat's doch bisher nur mit einem Ziegendarm getrieben!

Bin viel zu langsam, zu ungewitzt für eine schlagfertige Erwiderung. So bleibt mir nur der Griff zum Messer. Das geht so lange gut, wie andere dabei sind und ich mir sicher sein kann, daß sie sofort dazwischen gehen. Ich wüßte nicht, was ich tun sollte, wenn sie mir nicht in den Arm fielen.

Natürlich, bin eine Weile in einem Boxverein. Eigentlich gar keine schlechte Idee. Immerhin lerne ich Nadir kennen.

Doch von Anfang an gehöre ich nicht dazu. Gehe zwar mit ihnen nach dem Training noch zu einem Imbiß und einem heimlichen Schluck in ihr Stammlokal, verabschiede mich dann aber schnell von den Vereinskumpanen. Will nicht mehr dabei sein, wenn ihre endlosen Diskussionen über Autos, Fußball, Frauen, Gott und den Koran losgehen. Laut. Aggressiv, aber immer in aller Brüderlichkeit! Wir alle sind Brüder! Auch wenn nicht viel fehlt, um uns aus Rechthaberei oder blankem Haß den Schädel einzuschlagen. Diese übertriebene, demonstrative Brüderlichkeit, Hände knallen zusammen, daß es schmerzt, und die freundschaftlichen Schläge auf die Schultern und in den Nacken, die einem fast das Genick brechen. Die Männlichkeit beweisen, die niemand in Frage gestellt hat, immer und immer wieder, wer hat den Längsten, wer hat die meisten Fotzen gefickt, wer kann ein Dutzend Mal hintereinander abspritzen …

Nadir ist der einzige, der den Mund nur aufmacht, um sich eine weitere Portion Kuskus hineinzuschieben. Wenn ich dann genervt vom Tisch aufstehe und mich mit kurzem

Gruß verabschiede, zwinkert er mir zu, draußen auf ihn zu warten. Wenige Minuten später kommt er dann nach, und wir machen uns gemeinsam auf den Heimweg, reden wenig, und wenn, dann wie zwei Kameraden, die einander nichts beweisen müssen.

Manchmal kommt er noch mit ins Atelier, um mit Laid einen Joint zu rauchen oder ihm die Bücher zurückzugeben, die er sich von Laid geliehen hat. Hätten wir das vor den Augen der anderen gemacht, den Austausch von Büchern, dann hätten wir wieder das übliche Gespött gehört: Nun schaut euch diese Leseschwuchteln an! Lesen scheint noch unanständiger zu sein als nicht mit ihnen um die Wette zu saufen.

Nadir betritt das schmale, geduckte Elternhaus, ignoriert den Lärm seiner Geschwister und die Fragen oder Klagen seiner Mutter, wirft die schmutzige Arbeitskleidung in den Wäschekorb, stopft statt dessen eine Handvoll sauberer Sachen in seine Sporttasche, dazu das gerade begonnene Buch, das neben seiner Matratze liegt, und verläßt, ohne ein Wort mit einem der Familienmitglieder gewechselt zu haben, die baufällige Notunterkunft. – Er hat Laid nie mit hineingenommen. Normalerweise wartet er im neuen Café an der Ecke auf ihn, wenn er mit Laid verabredet ist. Meistens aber kommt er zum Laden und holt ihn dort ab.

Laid dreht das Schild an der Ladentür um, so daß von außen nun der Schriftzug FERMÉ zu lesen ist. Dann geht er in das kleine fensterlose Hinterzimmer, in dem er wohnt: eine Matratze, ein kleiner Petroleumkocher und

Pappkartons als einziges Mobiliar drängen sich hier. Immerhin seine eigenen vier Wände, während Nadir sich sein Zimmer mit zwei jüngeren Geschwistern teilt und dort nur nachts, wenn die Brüder endlich schlafen, ungestört ist.

Er stopft einige halbwegs saubere Kleidungsstücke und die angebrochenen Lebensmittel in den kleinen Reiserucksack, denselben, mit dem er vor acht Jahren hergekommen ist, kramt aus einem der grauen Kartons seine alte Leica hervor, prüft, ob noch ein Film eingelegt ist, und hängt sie sich um den Hals. Dann geht er zurück in den Laden, öffnet die Kasse und nimmt die beiden Tausender heraus. Und das Wechselgeld? Warum soll ich es zurücklassen? Leert schließlich alle Fächer und stopft Scheine und Münzen in sein Portemonnaie. Dann löscht er das Licht, verläßt den Laden, verschließt die Tür von außen und zieht das schwere, heiser kreischende Eisengitter herunter.

Die alte Leica ist das einzig Brauchbare, das mein Vater mir hinterlassen hat. Wußte selber nichts mit ihr anzufangen, außer von ihr fotografiert zu werden. Ja, er war ein eitler junger Mann: Mit herausfordernder Miene blickt er in die Kamera, als sei sie ein Rivale, dem er es schon zeigen werde. Komm nur! – Ich hingegen habe mich nie gerne fotografieren lassen. Und hinter der Kamera, das habe ich schnell gelernt, ist der sicherste Ort, von ihr nicht erwischt zu werden.

Wahrscheinlich konnte mein Vater mit dieser Kamera nicht einmal umgehen. Hat sie billig beim Drogisten unseres Dorfes erstanden, der sie wiederum noch billiger von

irgendeinem Hehler erworben hat, welcher sie vermutlich von einem zweifelhaften Verkäufer erhielt, der sie irgendeinem Europäer auf seiner Wüstensafari gestohlen hat, zu einer Zeit, als sich Europäer noch in unser Land getraut haben und allenfalls ihrer Kameras beraubt wurden. Vielleicht hat mein Vater sie auch eigenhändig geklaut. Zutrauen würde ich es ihm.

Assia hütet die ersten dilettantischen Schnappschüsse von ihm wie Ikonen. Während Mutter verständlicherweise alle Bilder meines Vaters aus dem Haus verbannt hat, vor allem jene, die ihn mit Assia, Laila und mir oder mit ihr zusammen zeigen. Sicher weiß sie gar nichts von der Biskuitdose, die Assia neben anderen Erinnerungsstücken wie den hartledrigen Fußballschuhen meines Vaters oder seiner schwarzen Sonnenbrille mit den zersprungenen Gläsern in ihrem Bettkasten aufbewahrt.

Es dämmert bereits, als er sich auf den Weg zum Busbahnhof macht. Vor den Massakern war es die Stunde der Matrosen, Marines mit kurzgeschorenem Haar, Offiziere in weißer Ausgehuniform, Schauermänner in ihrem groben teerfleckigen Drillich. Auf englisch, spanisch, italienisch riefen sie einander ihre Zoten zu.

Hinter der Zitadelle beendet ein Dutzend halbnackter Jungen ihr Fußballspiel. Obgleich sie alles andere als ängstlich scheinen, ziehen auch sie sich mit Anbruch der Nacht lieber ins elterliche Haus zurück. Früher begann um diese Zeit, zumindest im Sommer, wenn die Stadt die Hitze des Tages an die Nacht abgab, erst das Leben.

Zwischen dem Gelb und Grau haarfeiner Rauch, der sich von den Kaminen abspult, ein schwimmhäutiges Zelt, ohne Aussicht zu wachsen, zu wandern, in einen nächsten Sommer.

Das ist meine Kindheit, ein transparentes feinädriges Flügelpaar, das nicht trägt, eine stimmlose Zikade auf einem verwaisten Friedhof.

Gehorsam mache ich mich auf den Weg. Und doch ist dieser Gehorsam nur vorgetäuscht. Ich gehorche aus Feigheit.

Nein, nicht aus Feigheit. Aus Trägheit!

Während das Herz immer langsamer schlägt und der Sand knöcheltief in meinen Schuhen steht, treibt mir das frühe Land entgegen, eine Wanderdüne, weiß, kalt wie ein Hochzeitsschleier, jungfräulich, mörderisch.

Er steht in der Schlange vor dem Fahrkartenschalter, studiert die Tafel mit den Zielorten und Abfahrtzeiten. Mit der Leica vor der Brust und dem kindischen Wanderrucksack auf dem Rücken wirkt er wie ein argloser Tourist. Und irgend jemand hält ihn auch dafür. Zieht ihm das prallgefüllte Portemonnaie aus der Gesäßtasche. Und der Träumer merkt nichts davon!

Während er in der Schlange vor dem Schalter langsam vorrückt, stößt Nadir zu ihm. Kurzes pomadeglänzendes Haar, Ledersohlen mit eisenbeschlagener Spitze, unbekümmerte Überlegenheit, Gott des Frühlings. Sie begrüßen sich stumm. – Die jungen Männer hier setzen auf ihre Jugend und ihre Körper. Doch wer seine Jugend hinter sich hat, sucht vergebens, wo er bleiben soll. Dann kehrt er zurück zu Frau und Kindern, wie mein Vater, und wartet auf sein Ende. Das Glück war kurz und heftig und kennt keine Gnade.

Am Schalter verlangt er zwei Karten nach Timimoun. Dann sucht er in seiner Hosentasche nach der Geldbörse.

Was ist los? Hast du etwa dein Portemonnaie im Laden vergessen?

Ich habe es ganz sicher eingesteckt. Jemand muß es mir gestohlen haben!

Nadir schaut sich suchend um. Natürlich ist der Dieb längst im Menschengedränge des Busbahnhofs untergetaucht. Nur eine merkwürdige Gestalt in braunem Burnus fällt ihm auf, weil sie unausgesetzt zu ihnen herüberstarrt. Vielleicht hat sie den Diebstahl beobachtet. Aber sie spricht ihn nicht an.

Und nun? Der Bus fährt in zehn Minuten ab.

Laß ihn fahren, Nadir. Es war alles Geld darin, das ich habe.

Nadir zieht seine Geldbörse hervor: Das reicht zwar nicht bis Timimoun, aber immerhin bis Bou Saada. Dann werden wir weitersehen. – Er nimmt alle Scheine aus seiner Brieftasche und legt sie auf den Fahrkartenschalter.

Es war nicht nur mein ganzes Geld darin, sondern auch mein Personalausweis.

Es wird Wochen dauern, bis die Polizei dir einen neuen ausgestellt hat, entgegnet Nadir.

Ein Mann in der Schlange hinter ihnen, ungeduldig: Wie lange wollt ihr noch diskutieren? Mein Bus fährt gleich ab. Kauft eure Fahrkarten oder macht Platz für die anderen!

Hier lächelt niemand den Fremden an. Ich weiß nicht, was unter diesen Umständen dem anderen mein Lächeln bedeutet. Bestenfalls hält er es für das Lächeln eines Idioten.

Nadir schiebt ihn zur Seite und verlangt vom Schalterbeamten zwei Fahrkarten nach Bou Saada.

Sie suchen sich zwei Plätze auf der hintersten Bank des Busses. Aufbruch. Nach Timimoun. Ich denke nicht: nach Hause. Obwohl ich meine Kindheit dort verbracht habe; obwohl ein Teil meiner Familie dort noch lebt. Ich kehre in einen fremden Ort zurück.

Ein flaues Gefühl im Magen, wie zu jedem Reisebeginn. Aber Nadir sitzt neben mir. Sonst würde ich vielleicht noch aus dem anfahrenden Bus springen.

Doch schon passieren wir die verfallenden Sozialbauten in den Vororten, fahren am Flughafen vorbei und an der Küste entlang. Lautlos stieben Schmutzgeier auf. Gierig. Schwarze, wimpernlose Kräne mit weißer Weste, verwesende Brocken Schicksal an den rostzerfressenen Stahltrossen. Starren. Starren unbarmherzig wie Götter. Ich Heide.

Eine Küste ohne Flußmündungen. Nur die Regenfälle des Winters lassen reißende Bäche entstehen, die sich ihre Betten nach Belieben suchen. Trotzdem hat man ihnen Namen gegeben: Oued Soummam, Oued Bou Sellam, Oued Djendjen, und weiß sie auch bei verändertem Lauf wiederzuerkennen.

Dann biegt die abschüssige Küstenstraße in das schroffe, aber dicht begrünte Gebirge und windet sich zu den hochgelegenen Pässen hinauf. Im Norden das Massiv von Ait Djenat, ein unüberwindlicher Wall zwischen der Wüste und dem Meer, im Süden die noch abweisendere Djurdjura, eine wilde unwirtliche Welt. Wie ein gestürzter Titan liegt das Gebirge da, mit aschfarbenen Flanken und wolkenverhüllten Gipfeln. Winzige Dörfer klammern sich an die steilen Hänge oder hocken auf den kahlen Bergsätteln, verängstigten Menschen gleich, die vor einem allzu strengen Gott in die Knie gehen. Die Winter hier sind hart, die Verbindungswege zwischen den Siedlungen rar und schwierig.

Dann taumelt der Bus hinab, der Wüste entgegen, über schmale Dämme, an brackigen Stauseen entlang, bis südlich der Wasserscheide die immergrünen Tamarisken- und Korkeichenwälder in karge graue Grus- und Schotterböden mit vereinzelten Rizinussträuchern und kleinen Inseln Wolfsmilch und Bilsenkraut übergehen.

Sein Herz schlägt ruhig und kalt, als sähe er einen Kinofilm, der ihn unberührt läßt. Der Blick aus den staubverklebten Busfenstern sucht vergeblich nach Abwechslung und richtet sich nun auf den zerschlissenen Innenraum.

Vor ihnen die Schar zufällig zusammengewürfelter Mitreisender, alte Männer, die nicht nein sagen, als sie ihnen anbieten, an ihrem kleinen Picknick in der hinteren Bushälfte teilzunehmen, so daß ihre mageren Vorräte binnen kürzester Zeit erschöpft sind; eine Gruppe von

Oberschülern, Jungen und Mädchen auf getrennten Bänken, die Mädchen in Kopftüchern und knöchellangen Röcken, aber lauter, lebendiger als die Jungen, die wortkarg und gelangweilt in ihren Sesseln hängen; Familien, die Männer mehrere Sitzreihen entfernt von ihren Frauen und Kindern, als hätten sie nichts miteinander zu tun. Wie vertraut ihm diese Fremdheit ist.

Da, wo er herkommt, redet man nicht über seine Familie. Man läßt die Familienmitglieder grüßen, zumindest die männlichen, erkundigt sich nach ihrem Wohlbefinden, doch erwartet nur eine höfliche Floskel, al-hamdulilah, Gott sei Dank gut, und die freundliche Gegenfrage. Wehe, man gäbe wirklich Auskunft über das Befinden der Eltern und Geschwister. Es wäre beschämend für den Zuhörer, beschämend für den Berichterstatter, beschämend für die ganze Familie des Berichtenden.

Sein Kopf ist nicht anders als das Dorf, aus dem er stammt. Es gibt darin verschlossene Kammern, in denen er Schreckliches ahnt, aber nichts davon dringt hinaus, in den offenen Raum. Manchmal glaube ich, ein Wimmern zu hören, oder auch Schreie, Hilferufe, doch alles von dicken Lehmwänden gedämpft und dem Lärm auf den Gassen übertönt. Ich darf nicht hören, was ich höre, nicht erkennen, was ich sehe, vor allem darf ich nicht darüber reden!

Zwischenstop in M'Sila. Einige der von ihnen bewirteten Alten steigen aus. Ein Bauer mit einem halben Dutzend lebender, an den Füßen zusammengebundener Hühner steigt zu. Der Fahrer versucht, ihm den Zutritt zu verweigern. Sagt, die Mitnahme von lebendem Vieh sei verboten.

Das ist kein Vieh, das ist Geflügel!

Zumindest sind es Tiere, und zwar lebendige.

Willst du, daß ich sie zunächst schlachte, bevor ich sie mit in deinen verdammten Bus nehmen darf, bitte sehr! – Der Bauer nimmt ein scharfes Klappmesser aus der Tasche, drückt dem ersten Huhn den Kopf in den Nacken, so daß der Hals offen liegt, und setzt das Messer an.

Nein, nein, laß nur, Hadsch! Sieh zu, daß du auf deinen Platz kommst mit deinem verdammten Geflügel. Doch wehe dir, wenn es mir den Bus versaut!

Der Bauer sucht sich einen freien Sitz und legt das Geflügel im Gang ab. Mit schreckensweiten Augen und vollkommen erstarrt bleiben die Hühner neben- und übereinander liegen. – Kaum hat der Bauer es sich in dem abgewetzten Polster bequem gemacht, fallen ihm die Augen zu. Langsam sinkt sein Kinn auf die Brust, ein unüberhörbares Schnarchen mischt sich in das nicht eben leise Geknatter des Busses und löst bei den benachbarten Schulmädchen ein albernes Gekicher aus.

Wir fahren in den aufgehenden Mond hinein. Er sieht wie eine Krankheit aus, eine taube, unter blasser Haut sich spannende Krebsgeschwulst. Und das ihn umgebende Himmelsgewebe blakt in einem stumpfen quecksilbrigen Dunst.

Der Bus überholt einen LKW. Die Fahrer scheinen sich zu kennen, grüßen einander mit den Wagenhupen, dumpf gellende Schreie prähistorischer Tiere. Die Hühner zucken unruhig mit den gestutzten Flügeln. Der Bauer läßt sich auch vom wilden Gebrüll rasender Saurier nicht in seinem Schlummer stören.

Ich bin fortgegangen, aber dieses Dorf im Kopf habe ich mitgenommen. Will es nicht Oase nennen, ein Wort, mit dem sich Rast und Erholung, Fülle und Geborgenheit verbindet. Mein Kindheitsdorf ist alles das nicht. Bis in seinen letzten Winkel trägt es die Züge der Wüste: Staub, Hitze, Mangel, Unbarmherzigkeit, Erschöpfung.

Die neuen Freunde in der Stadt verstehen nicht, warum ich nicht trinke, den Mädchen nicht hinterher pfeife. Sie sagen, du bist doch weit weg von deinem Dorf. Hier bist du frei! – Nein, ich bin nicht frei. Jeder teetrinkende Alte in der Bar ist mein Vater, jedes kopftuchtragende Mädchen auf der Straße meine Schwester.

Die anderen tun so, als gäbe es aus ihrer Kindheit nichts Bemerkenswertes zu berichten. Alle tun so, selbst du, Nadir. Also bleibt jeder mit seinen Verletzungen allein. Jeder glaubt, nur in seiner Familie habe es diese Gewalttätigkeit des Vaters und diese Ohnmacht der Frauen und Kinder gegeben, diese Racheschwüre und Mordphantasien. Irgendwann werden wir groß und stark sein, haben wir uns vorgestellt, und uns schützend vor die Mutter werfen und dem Vater zurufen: Keinen Schritt weiter, Alter, oder du wirst es bereuen! – War es bei euch genauso? Würde ich dich fragen, würdest du verlegen grinsen und die ganze Angelegenheit mit einem dummen Spruch abtun.

Nadir stößt ihn an, macht ihn auf den regen Austausch von kleinen handgeschriebenen Botschaften zwischen einzelnen Mädchen und Jungen aufmerksam, die von Mittelspersonen heimlich weitergegeben werden. Läßt sich von Laid einen Stift und Papier geben, kritzelt ein paar Worte auf das Blatt, faltet es mehrfach, bis es bequem in seine Faust paßt, und schickt die Botschaft auf den Weg zu einem jungen unscheinbaren Mädchen vor ihnen, das bisher nur dadurch aufgefallen ist, daß es sich aus dem regen Austausch pubertärer Botschaften herausgehalten hat. Fragend blickt sie die Mitschülerin an, die ihr sein kleines Nachrichtenpäckchen reicht. Die Botin weist mit einer Kopfbewegung auf den Absender. Nadir grinst breit. Die Empfängerin zögert. Schließlich siegt die Neugier; sie entfaltet das Papier, entziffert die Botschaft und blickt sich zu Nadir um.

In diesem Augenblick drückt Laid auf den Auslöser. Der grelle Blitz blendet das Mädchen. Es errötet vor Scham und Zorn.

Ich stehe am Eingang des Festzeltes, das man im Oasengarten, vor den Mauern der Stadt, anläßlich der Hochzeit unseres Cousins Yasir errichtet hat. Bin etwa zwölf Jahre alt. Ich schaue den tanzenden Männern zu. Die Frauen feiern getrennt von den Männern im Diwan des Brautvaters.

Mein Cousin Yasir, der Bräutigam, in seinem weißen Hochzeitsgewand und seiner Krone aus trockenen Myrtenzweigen fesselt meinen Blick. Und Yasir erwidert diesen Blick. Ein trauriger Ernst liegt in seinen Zügen, obgleich es sein Hochzeitstag ist. Er verbirgt die Trauer über das Ende seiner Kindheit hinter der bis zum Zerreißen gespannten Anmut des begnadeten Tänzers. Die anderen Männer nehmen ihn in ihre Mitte und klatschen mit den Händen den Takt zu seinem pantherhaften Solo. Und doch ist es so, als seien die anderen gar nicht anwesend, und der Bräutigam tanze nur für mich abseitsstehenden Knaben auf der Schwelle.

Wie ein Blitz aus heiterem Himmel trifft mich ihre Ohrfeige. Schon geraume Zeit muß sie neben mir im Zelteingang gestanden haben und Zeugin des Blickwechsels zwischen mir und Yasir geworden sein. Eigentlich hat sie im Festzelt der Männer nichts zu suchen. Doch um derlei Sitten hat Assia sich nie geschert.

Mir schießen die Tränen in die Augen, eher aus Überraschung als aus Schmerz. Wenn sie selber von diesem Angriff auf ihren Bruder überrascht sein sollte, so läßt sie sich nichts davon anmerken. Sie sagt nur den einen Satz, leise, aber voller Ekel und Verachtung: Schau nicht so, Laid!

Eine blitzende Klinge bewegt sich auf die paralysierten Hühner im Gang zu. Nicht nur der Bauer, alle Businsassen scheinen für einen Augenblick in eine tetanische Starre verfallen zu sein. – Die Klinge durchschneidet die Fußfesseln des Federviehs. Noch weiß es mit seiner neugewonnenen Freiheit nichts anzufangen, bis Nadir mit einem Gummiband zwischen Daumen und Zeigefinger eine speichelgetränkte Papierkugel auf den lethargischen Haufen abfeuert. Gleich darauf explodiert das Feder- und

Daunenknäuel mit schrillem Gekreische und verwandelt die Eingeweide des Busses in eine gedrängt volle Legebatterie, die von einem Fennek heimgesucht wird.

In dieses Chaos aus Klauen, Federn und Geschrei stürzt Nadir sich als furchtloser Geflügelbändiger, schert sich nicht um hackende Schnäbel und wildes Flügelschlagen, sondern greift diesem Huhn an den Hals, preßt jenem die scharfkralligen Füße zusammen und fängt so mit Hilfe einiger weiterer Mitstreiter ein panisches Ding nach dem anderen wieder ein, nicht ohne hier und da das Chaos und damit den Ruhm seiner Bändigung zunächst noch zu vergrößern. Der erschrockene Bauer schaut dem Treiben hilflos zu, der Busfahrer starrt mit zornrotem Gesicht auf die Straße vor ihm. Die jungen Mädchen aber danken dem jugendlichen Helden die beherzte Tat mit bewunderungsvollen Blicken.

BOU SAADA

In den Gassen des alten Ksar. Unscheinbare, dem Verfall preisgegebene Lehmarchitektur. Alle Nebenhöhlen verstopft. Bin nach den vielen Jahren am Meer das schleimhautausdörrende Wüstenklima nicht mehr gewohnt.

Auf dem menschenleeren Platz vor der Moschee Ouled Attik richten sie ein Nachtlager her, ziehen alle warmen Kleidungsstücke an, die sie dabeihaben, und legen sich dann auf das kalte Pflaster, ihre Reisetaschen im Nacken als einzige Unterlage.

Bou Saada, Stadt des Glücks, murmelt Nadir.

Stadt des Glücks?

Das ist die ursprüngliche Bedeutung des Namens Bou Saada.

Ich hätte nicht gedacht, daß das Glück so kalt ist.

Rück ein wenig näher. Das ist ja nur der Anfang, warte den frühen Morgen ab. Dann kannst du dir vor eiskaltem Glück wahrhaftig Frostbeulen holen.

Sie liegen dicht nebeneinander an der Steinumfriedung, den Blick in den Nachthimmel gerichtet, an dem das kalte Licht des Mondes nun alle Sterne überstrahlt. Es ist kalt, ja, aber für einen Augenblick bin ich wirklich glücklich, hier zu sein.

Ich habe gedacht, Bou Saada sei berühmt für seine dicken, handgeknüpften Teppiche.

Vor allem ist die Stadt berühmt für seine Bousaadis, handgeschmiedete Messer, mit denen beim Aid al-Kabir den Hammeln die Kehle durchgeschnitten wird.

Knochenfarbenes Geröll wie von einem geschliffenen heidnischen Tempel. Die Sicht auf die Wüste und einen Teil des Himmels durch die Termitenhügel verstellt. Stelle mir vor, wie die Wüstenschiffer, die in alter Zeit die Oase passierten, zu Ehren der hier angebeteten Göttin ihre Segel refften und ihre Ruder einzogen und eine Weile der Ungewißheit ihres Schicksals gedachten.

Nun sprechen die Insekten hier ihr Gebet.

Dann übertönt das Geknatter von Ibrahims altem Peugeot das Schleifen und Mahlen. Sie kommen mir entgegen, Assia und Ibrahim. Hinter den Oasengärten haben sie die Piste verlassen und fahren querfeldein in die Wüste hinein.

Ich winke. Will sie auf ihrem Ausflug begleiten. Doch Assia ruft mir zu, ihre Expedition sei nichts für kleine Jungen. Ibrahim lacht. Er kann auf dem Geröll kaum schneller als im Schritt fahren. Ich laufe hinter ihnen her: Was für eine Expedition? – Geh zurück, Dummkopf! Du kannst nicht mit uns kommen.

Ich lasse mich nicht abhängen: Geht ihr auf die Jagd? Ich störe euch bestimmt nicht! – Unsinn! Wir machen einfach einen Ausflug. Nun geh nach Hause und laß uns in Ruhe!

Inzwischen haben wir uns schon ein gutes Stück von der Oase entfernt. Obwohl sie nicht sehr schnell fahren, gerate ich langsam außer Atem und bekomme Seitenstiche.

Trotzdem gebe ich noch nicht auf. Nun beugt sich Ibrahim aus dem Wagenfenster: Hast du nicht gehört, was deine Schwester gesagt hat, Laid? Geh nach Hause zurück!

Tränen schießen mir in die Augen, doch ich kann nicht stehen bleiben. Meine Beine werden schwer, mein Atem geht keuchend, mein Mund ist trocken, trotzdem stolpere ich weiter hinter dem Wagen her, das Haar, die Augenbrauen, die Wimpern bereits grau vom Staub, den das klapprige Automobil hinter sich aufwirbelt.

Ibrahim gibt Gas, so daß meine verzweifelten Rufe im Klappern und Scheppern des Wagens auf der steinigen Ebene untergehen. Der Peugeot kommt noch immer nicht sehr schnell voran, doch allmählich vergrößert sich der Abstand zwischen ihnen und mir. Ich rufe ihnen zu, wir seien zu weit in die Wüste hineingeraten, ich könne nicht mehr umkehren, ich sei zu müde, ich würde verdursten, doch sie drehen sich nicht mehr um zu mir. Vermutlich können sie mich durch den Lärm der überforderten Maschine und des strapazierten Blechs gar nicht mehr hören. Oder meine Stimme ist durch den Staub und die Trockenheit bereits zu einem unhörbaren Flüstern erloschen. Schließlich bleibe ich stehen. Wäre es das Meer gewesen, hätte ich mich einfach hinabsinken lassen.

Nun aber stehe ich noch immer da, hart und ledrig wie ein leerer Ziegenschlauch, als sie nach Stunden von ihrer Expedition zurückkehren. Sie lassen mich einsteigen, sprechen kein einziges Wort mit mir, als habe mein Starrsinn ihnen den ganzen Ausflug verdorben. Auch ich bleibe stumm. Selbst wenn ich etwas hätte sagen wollen, hätte mein hartledriger Mund wohl den Dienst versagt. Ich wünschte, eine Schlange hätte mich gebissen oder ein Rudel wilder Hunde hätte mich angefallen, so daß sie nur noch meinen Kadaver vorgefunden hätten. Dann wäre es zu spät für ihre Reue gewesen. Doch nun schäme ich mich, noch am Leben zu sein.

Das Geräusch dumpfer Schläge weckt sie. Der heidnische Trabant ist vom Nachthimmel verschwunden. Sie ahnen, daß es sich um eine Prügelei handeln muß. Erkennen in der mondlosen Finsternis nach und nach, wie eine große kräftige Gestalt eine zierliche, zerbrechlich wirkende Person zusammenschlägt. Täter und Opfer führen, bis auf den Aufprall der Fäuste, ein gespenstisch stilles Ballett auf.

Unerschrocken springt Nadir auf und ruft den sich Prügelnden zu: Hey, was ist da los!

Einen Augenblick steht die Zeit still. Das miteinander ringende Paar hält, von Nadirs Anruf überrascht, in seinem Pas de deux inne, und Nadir selber scheint über die Kraft seiner Stimme erstaunt zu sein, ein gewöhnlicher junger Mann, der es nicht lassen kann, den Helden zu spielen und plötzlich vor seinem naiven Mut erschrickt, bis der Blitz aus Laids Kamera die nächtliche Paralyse ins grelle Licht reißt.

Friedlich hängen die Laken in den Höfen, diagonal vom Haus zur Hofmauer, Laken, in denen wir uns gewälzt und geschwitzt, gewichst und gefickt haben, in denen wir uns verkrochen haben und gestorben sind. Banner unserer

Religion, als wären alle vergangenen Alpträume vergessen und zukünftige undenkbar. Die Frau im Hof ihres Hauses, unverschleiert. Sie hängt die tropfende Wäsche auf. Plötzlich schaut sie hoch, mir direkt in die Augen. Ich drücke den Auslöser. Wütend schüttelt Zarouia die Faust und zieht ihr Kopftuch tiefer ins Gesicht.

Ein anderer Hof. Nein, derselbe Hof zu einer anderen Tageszeit. Ein Mann repariert seinen Wagen. Unterbricht die Arbeit. Geht zum Kofferraum. Holt eine Flasche heraus, blickt sich verstohlen um, setzt sie an den Mund. In diesem Augenblick klickt der Verschluß meiner Kamera. Erschrocken hält Daud inne. Als wüßte nicht jeder im Ort, daß er heimlich säuft. Dann entdeckt er den versteckten Beobachter, klaubt einen Stein auf und schleudert ihn auf den Knaben, der längst schon Reißaus genommen hat.

Auf der Gasse. Ein junger eitler Kerl stiehlt einer jungen Frau ein Taschentuch aus ihrem Korb. Mit dreister Offenheit führt er es an die Nase. Als Ibrahim sich anstatt von der Schönen nur von seinem mißratenen Sohn ertappt sieht, setzt er ihm nach, doch der Augenblicke jagende Knabe ist flinker.

Ein anderer junger Bursche rast mit seinem Moped durch die engen Gassen, nötigt eine alte Frau, ihm im letzten Moment aus dem Weg zu springen, will sie von diesem Rüpel nicht angefahren werden. Sie stürzt. Der Mopedfahrer bremst, hält an, blickt sich zur Alten um, unsicher, angewidert. Dann entdeckt er den Neffen. Ich drücke den Auslöser. Abdul Malik gibt Gas und braust davon.

Blick durchs Fenster in ein Haus. Das Elternhaus. Ein Mädchen vor dem Spiegel. Sie schminkt sich, obgleich sie kaum älter als zwölf oder dreizehn Jahre sein dürfte; Kol unter die Augen, damit sie größer wirken, die Lippen granatapfelrot; dann entdeckt sie den kamerabewaffneten Bruder im Spiegel. Als Assia sich zum Fenster umdreht, klickt der Verschluß.

Als habe der Blitz die magische Lähmung gelöst, nimmt der Schläger Reißaus. Nadir stürzt auf das am Boden liegende Opfer zu und hilft ihm auf: Sind Sie verletzt?

Nein, nein, alles in Ordnung. Doch treten Sie vorsichtig auf, junger Mann. Hier muß irgendwo noch meine Brille liegen.

Sie bluten ja. Sie brauchen einen Arzt!

Nur ein wenig Nasenbluten. Das bedeutet nichts. – Der Mann wischt sich den blutverschmierten Mund am Ärmel seines Hemdes ab: Und übrigens gibt es keinen bedenklicheren Zustand als vollständige Gesundheit. – Er sagt diesen Satz ohne ein Lächeln, als meine er ihn vollkommen ernst.

Hier, Ihre Brille. – Nadir reicht ihm die unversehrten Gläser.

Ich danke Ihnen, mein junger Abd el-Kader.

Ich heiße Nadir. Und der Herr der Blitze ist mein Kumpel Laid.

Angenehm, sehr angenehm. – Er streckt ihnen seine blutverschmierte Hand entgegen: Und ich bin Gérard Lumière, Kunsthistoriker, zumindest bei Licht besehen.

Sie sind von dem Burschen überfallen worden? fragt Laid ihn.

Es handelte sich eher um ein geschäftliches Mißverständnis, antwortet Lumière. Und Geschäfte sind inzwischen ja die Ursache für die größten Barbareien, nicht wahr? – Wieder suchen sie vergeblich nach einem ironischen Unterton. – Doch was treibt ihr zu dieser barbarischen Stunde noch auf der Straße?

Nadir: Die Straße ist zur Zeit unser Zuhause.

Lumière: Nun, wir Menschen kommen wohl erst zur Vernunft, wenn wir unsere Wohnungen verlassen. Sind vier Wände nicht der beste Nährboden für Wahnsinn und Perversion? – Er zieht einen Hemdzipfel aus seiner Hose und poliert mit noch zitternden Händen die Brillengläser. Dann setzt er seine Brille auf und starrt die beiden jungen Männer mit großen Augen an, als würde er sie jetzt erst erkennen, und fährt fort: Doch der offene Raum macht uns nicht weniger Angst. Die Dunkelheit und Kälte. Welche Wahl haben wir da noch?

Nadir: Wir haben überhaupt keine Wahl. Uns fehlen im Augenblick die Mittel für ein Dach über dem Kopf.

Er scheint nicht gleich zu verstehen, wovon Nadir spricht. Plötzlich, mit neuer Energie, fast übertrieben herzlich: Darf ich meine Retter zu mir ins Hotel einladen? Welch ein Unsinn, noch zu fragen. Es ist eure Pflicht, meiner Einladung zu folgen. Habt ihr überhaupt schon zu Abend gegessen? Es heißt zwar, man sterbe leichter bei der Füllung als bei der Entleerung. Aber ohne Füllung kommt man auch nicht weit, nicht wahr? – Endlich verzieht er sein lädiertes Gesicht zu einem vorsichtigen, ein wenig schmerzverzerrten Lächeln, hakt sich zwischen den beiden ein und führt sie, sich teils auf sie stützend, teils sie mit sich schleifend, vom Platz seiner Niederlage und Errettung: Getrocknete Feigen, so wußte schon Maimonides, verursachen Kopfschmerzen. Doch wie erfreut der Genuß der Feige unser Herz, nicht wahr!

Er betritt ihnen voran die Halle des *Marhaba*, zweifellos das erste Hotel am Platz. Im grellen Neonlicht der Lobby sieht Gérard Lumière noch ärger mitgenommen aus als unter dem kalten Sternenhimmel. Das Gesicht ist geschwollen und blutverkrustet, das weiße Hemd blutverschmiert. Und das taubengraue Seidenjackett, das über seinen Schultern hängt, sieht aus, als sei die Rallye Paris Dakar darüber hinweggerast. – Der Rezeptionist, ein untersetzter, etwa fünfzigjähriger Mann mit bartlosem wächsernem Gesicht, läßt sich keinerlei Irritation anmerken.

Gérard Lumière geht mit ausgebreiteten Armen auf ihn zu, als könne eine große Geste gewisse Mängel der Ausstattung überspielen: Diese beiden jungen Lebensretter sind heute nacht meine Gäste. Die beste Suite für die müden Krieger, bitte!

Der Rezeptionist, trocken: Die Ausweise, bitte.

In einem leisen, verlegenen Ton der Scham, der ihn erst recht verdächtig macht, gesteht Laid, daß er sich seinen Ausweis auf dem Busbahnhof von Bejaia habe dummerweise stehlen lassen.

Der Rezeptionist, gnadenlos: Dann muß ich Sie bitten, sich von der Gendarmerie ein beglaubigtes Ersatzdokument aushändigen zu lassen. Sonst darf ich Ihnen kein Zimmer vermieten.

Lumière, übertrieben verzweifelt: Ich bitte Sie, Monsieur, es ist bereits nach Mitternacht, und wie Sie unschwer sehen, haben wir bereits einen recht dramatischen Tag hinter uns.

Der Rezeptionist, unerbittlich und wohl auch eine Spur angeekelt: Es tut mir sehr leid, Monsieur, die neuen Antiterrorgesetze erlauben uns keinerlei Ausnahmen. – Und nach einem Augenblick der Ratlosigkeit, milder und nicht ohne Selbstmitleid: Wir stehen ja selber inzwischen unter permanenter Überwachung!

Lumière würdigt diesen zweitklassigen Charakterdarsteller keines Blickes mehr und wendet sich mit ungebrochenem Stolz den müden Rettern zu: Wohlan, tapfere Dioskuren, auf ins nächste Gefecht. Auf daß uns der Krieg von den Wunden des Friedens heile!

Er schiebt sie zurück auf die dunkle Straße. Der Rezeptionist folgt ihrem Abgang mit der Miene der Zweitbesetzung, die der zur Rückkehr bewegten Diva zu weichen hat.

Der Auftritt dieses merkwürdigen Trios zu so später Stunde weckt in den trüben Augen der Gendarmen ein unübersehbares Fieber. Hereinspaziert, meine Herren! Hier stirbt man noch von Hand! Hier bleibt das Herz nicht einfach stehen! Hier gibt es das gar nicht, ein Herz!

Mein Ausweis ist mir gestohlen worden.

Und nun, sekundiert Lumière, benötigt der junge Herr ein Ersatzdokument, damit man ihn im einzigen Hotel am Orte beherberge.

Der Gendarm, freundlich: Setzen Sie sich bitte und warten Sie, bis Sie aufgerufen werden!

Es ist zwei Uhr morgens, Monsieur, und wir sind –

Haben Sie mich nicht verstanden? Warten Sie, bis Sie aufgerufen werden! Und dann treten Sie bitte einzeln vor!

Wir hätten nicht hierher kommen dürfen. Lumière kennt den unwiderstehlichen Charme unserer Polizisten nicht. Das einzig Gute, was sich von ihnen sagen läßt, ist ihr vollkommener Mangel an Poesie.

Lumière schaut sie müde an, dann schiebt er die jungen Männer zur Bank an der dem Schalter gegenüberliegenden Wand. Gehorsam lassen sie sich auf dem blankgesessenen Holz unter den Fahndungsfotos und den Tips gegen Taschendiebstahl und Raubüberfälle nieder.

Eine geraume Zeit geschieht gar nichts. Die Beamten schlürfen ihren Kaffee und rauchen ihre billigen Zigaretten. Sollte ihnen dieses Spiel irgendeine Lust bereiten, so scheint es eine ziemlich freudlose Lust zu sein. Als Lumière sich ebenfalls eine Zigarette anstecken will, teilt ihm einer der Uniformierten höflich mit: Können Sie nicht lesen? Hier ist das Rauchen verboten!

So? In der Tat, wieviel Gerechtigkeit in einer Stadt auch herrschen mag, es genügt das Vorhandensein eines Verbotsschildes, um aus ihr eine Tochter des Unheils zu machen. – Lumière löscht die Zigarette.

Nachdem der Gendarm die seine zu Ende geraucht hat, lehnt er sich zuvorkommend über den Schalter und spricht Lumière an: Sie wollen eine Anzeige aufgeben, Monsieur?

Ich?

Sie sehen aus, als seien Sie belästigt worden. Haben diese beiden Burschen Sie so zugerichtet?

Nein, Gott bewahre, sie haben Schlimmeres verhütet. Ach was! Im Grunde ist gar nichts Schlimmes passiert. Wüßten wir mehr von der Schönheit des Schmerzes, würden wir die Peiniger nicht so verachten.

Was kann die Gendarmerie dann für Sie tun, Monsieur?

Für mich? Es scheint, daß der Schein trügt. Mir geht es prächtig. Allein das Alter macht mir zunehmend zu schaffen. Aber vor dieser schleichenden Unterwanderung vermag auch die Gendarmerie mich nicht zu schützen. Nein, es ist der junge Mann, der Ihrer Hilfe bedarf.

Der Gendarm blickt uninteressiert zu Laid herüber. Er tritt erneut an den Schalter: Ich brauche ein Ersatzdokument, einen Notausweis oder etwas Vergleichbares!

Nimm die Hände aus den Taschen, Bursche! fordert der Gendarm ihn auf. So, du kannst dich also nicht ausweisen!

Mein Ausweis ist mir gestohlen worden, korrigiert Laid ihn mit fester Stimme. Mangelte es ihm früher an Mut, so mangelt es ihm jetzt an Vernunft.

Halte die Hände auf dem Rücken verschränkt, wenn du mit mir sprichst! Du kannst dich also nicht ausweisen und glaubst, du kriegst hier einfach neue Papiere?

Nein, keine neuen Papiere, aber irgendeinen behelfsmäßigen Ersatz, bis man mir einen neuen Ausweis ausgestellt hat.

Da könnte ja jeder kommen, illegale Einwanderer, Kriminelle, Terroristen, und sich so eine neue Identität verschaffen. Weiß ich denn, ob deine Angaben stimmen?

Rufen Sie meine Mutter an!

Lachend wendet er sich zu seinen Kollegen um: Seine Mutter! – Die Kollegen verziehen keine Miene. Dann beugt er sich wieder über den Schalter, so daß sein blauädriges Alkoholikergesicht kaum eine Handbreit von Laids Gesicht entfernt ist, und fährt mit leiser Stimme fort: Ohne Ausweis bist du ein Niemand. Ohne Ausweis hast du keine Mutter, keinen Vater, kein Zuhause, keinen Namen. Neue Papiere kriegst du nur auf der Gendarmerie deines Heimatortes, wo man dich kennt oder deine Angaben nachprüfen kann.

Aber bis Timimoun sind es noch über tausend Kilometer. Kein Hotel nimmt mich auf. Soll ich auf der Straße übernachten?

Du bist noch jung. Willst du ein Bett für die Nacht, wirst du schon einen Weg hinein finden!

Mit den Händen in den Taschen und der ruhigsten und selbstsichersten Stimme unterbricht Nadir den Gendarmen: Ich kann für meinen Freund bürgen, Monsieur. Ich kann mich immerhin ausweisen.

Alles an Nadir, seine aufrechte Haltung, sein selbstbewußter Ton, sein direkter Blick, muß diese Ordnungshüter provozieren. Laid sieht es ihren gelangweilten

Gesichtern an, daß es für sie um mehr als nur um ihre Demütigung geht.

Habe ich dich aufgefordert vorzutreten? fragt der Gendarm Nadir mit ruhiger Stimme. Habe ich dir erlaubt, den Mund aufzumachen? Setz dich auf die Bank oder verschwinde!

Das ist doch absurd! empört sich Nadir. Wir kommen hierher und bitten Sie um Hilfe, und Sie –

Verschwinde aus dem Revier und warte auf der Straße! Verschwinde sofort, oder du hast für die nächsten Nächte ausgesorgt!

Erneut tritt ihr blutverkrusteter Don Quichotte mutig dazwischen: Monsieur, dies ist eine recht ungewöhnliche Antwort auf das Hilfeersuchen rechtschaffener Bürger.

Ihren Ausweis bitte! – Gérard Lumière? Sie sind Franzose, Monsieur Lumière?

In der Tat.

Europäische Gäste sind in den letzten Jahren selten geworden. Darf ich fragen, was Sie hierher geführt hat?

Der französische Maler Etienne Dinet.

Ein Landsmann von Ihnen? Er ist hier nicht gemeldet!

Er ist zum Islam übergetreten und lebt in Gemeinschaft mit seinem mozabitischen Freund und dessen Frau, die ihnen den Haushalt führt.

Name des Freundes?

Der Schriftstellere Slimane ben Ibrahim Baamer.

Nie gehört. Doch werden wir der Sache nachgehen. – Der Beamte macht sich einige Notizen: Eine recht ungewöhnliche Gemeinschaft, nicht wahr, Monsieur Lumière?

Die begreiflicherweise auch den Verdacht der Kolonialbehörden erregt, bestätigt Lumière ernst.

Der Kolonialbehörden?

Etienne Dinet ist 1929 gestorben und liegt in der weißen Koubba an der Ostseite des Oueds begraben.

Der Gendarm legt den Stift beiseite: 1929? Was haben Sie mit jemandem zu schaffen, der bereits siebzig Jahre tot ist?

Ich bin Kunsthistoriker, Monsieur, und arbeite an einer Monographie über diesen Maler und sein Werk.

Und diese beiden Burschen sind Ihre Studenten?

Sie sind zufällige Bekannte, Monsieur. Nein, keine zufälligen, sondern von der Vorsehung gesandte!

Ich kann Ihnen nur raten, sich auf Ihre Forschung zu konzentrieren und sich von zwielichtigen Burschen wie diesen fernzuhalten, Monsieur!

Ich bin sicher, Sie tun ihnen unrecht –

Ich weiß, wovon ich rede, Monsieur! Ich arbeite seit fünfzehn Jahren im algerischen Polizeidienst und mußte schon erleben, wie mein eigener halbwüchsiger Sohn vor diesen Schalter geschleppt wurde.

Eine Jugendtorheit, vermutlich. Wenn Sie mich mit fünfzehn erlebt hätten –

Eine Jugendtorheit? – Für einen Augenblick wandert sein resignierter väterlicher Blick zu Laid: Die Kollegen haben ihn auf frischer Tat bei einem –

Laid kann nicht anders, es ist wie eine Zwangshandlung, ein Pawlowscher Reflex, er drückt den Auslöser und ein greller Blitz blendet die leberkranken Augen des Polizisten.

Daud bessert die Hofmauer mit frischgestampftem Lehm aus. Er ist barfuß und trägt nur seine bis zu den Knien aufgekrempelte Hose. – Zarouia tritt in den Hof: Laß die Mauer für einen Augenblick und hack mir ein wenig Holz für den Herd!

Jawohl, Herrin.

Und, Daud, zieh dir ein Hemd über! – Sie kehrt ins Haus zurück. Daud wischt sich mit seinem Hemd Schweiß und Dreck aus dem Gesicht und streift es dann über.

Vom Fenster ihrer Kammer beobachtet Assia den Knecht. Und von meinem Versteck hinter dem Brennholzstapel beobachte ich meine Schwester, wie ihr Blick über Dauds verschwitzten Körper streicht.

Mit einem leeren Korb kommt sie aus dem Haus und sieht dem Knecht zu, wie er das Holz in kleine Scheite hackt.

Es ist heiß, Daud, sagt sie nach einer Weile. Willst du etwas trinken?

Danke, Assia. Ich schwitze ohnehin schon wie ein Schaf in seinem Winterpelz.

Dann zieh dein Hemd aus!

Deine Mutter mag es nicht, wenn ich mit nackter Brust im Hof arbeite.

Sie ist in der Küche.

Daud blickt erstaunt auf und schaut ihr direkt ins Gesicht. Assia erwidert seinen Blick, ohne die Augen zu senken.

Sicher wartet sie schon auf das Holz. Bring ihr schon mal einen Korb voll!

Assia rührt sich nicht von der Stelle. Mit dunkler, rauher Stimme, die nun fast wie Zarouias klingt: Gib mir dein Hemd, damit ich es waschen kann. Ich bringe dir gleich ein neues.

Daud wendet sich wieder dem Hackblock zu und schlägt kraftvoll auf die Holzscheite ein: Laß nur, ich bin mit dem Ausbessern der Mauer noch nicht fertig.

Er sammelt die Scheite ein und legt sie in den Korb: Nun lauf zu deiner Mutter! – Er reicht ihr den gefüllten Korb. Sie nimmt ihn entgegen und berührt dabei seine rauhen Hände. Sie blickt ihm dabei mit dem Ernst eines verliebten dreizehnjährigen Mädchens in die Augen.

Daud entzieht ihr seine Hände und sagt freundlich, aber bestimmt: Ich bitte dich, Assia. Du bist ja noch ein Kind. Nun geh schon!

Schamesröte überfliegt ihr Gesicht. Ein Geräusch vom Holzstapel hinter ihr läßt sie herumfahren. In diesem Augenblick drücke ich auf den Auslöser. – Ehe sie sich aus ihrer Lähmung befreit hat, bin ich schon flink wie ein Wüstenfuchs aus dem Hof verschwunden.

Später Nachmittag. Daud liegt rauchend unter einer Palme im Oasengarten, das Hemd zu einem Kopfkissen zusammengerollt im Nacken. Starrt scheinbar gedankenverloren in das Palmenblätterdach über ihm.

Plötzlich springt er auf, ist mit einem Satz am Gartentor und reißt es auf. Eben noch, die verfluchte Kamera um den Hals, ein Raubtier auf der Lauer, bin ich nun wieder ein auf frischer Tat ertappter zehnjähriger Knabe.

Was soll dieser Unfug, Laid! – Der Knecht schüttelt mich so heftig, daß mir die Tränen in die Augen schießen.

Das ist kein dummer Jungenstreich mehr, das ist ja eine regelrechte Jagd!

Ich bleibe stumm.

Du weißt doch, daß Gott uns verboten hat, von lebenden Wesen ein Bildnis anzufertigen. Und weißt du, warum? – Daud zwingt mich, ihm in die Augen zu blicken, während ich versuche, mich seinem harten Griff zu entziehen.

Er hat es uns verboten, weil das Bild uns beraubt. Es ist schlimmer als ein Pfeil oder eine Kugel, die nur unseren Körper verletzen. Das Bild aber verletzt unsere Seele, Laid, verstehst du?

Ich bleibe weiter stumm, während mir die Tränen die Wange herunterlaufen.

Gib mir die Kamera, Junge! Gib sie mir! – Er versucht, mir die Leica wegzunehmen, doch nun drehe ich durch, wehre mich mit Händen und Füßen und schreie und stöhne wie ein tollwütiges, in die Ecke getriebenes Tier.

Daud erschrickt. Laß nur, laß nur! besänftigt er mich, nimmt mich in den Arm und wiegt mich, bis ich mich etwas beruhigt habe.

Schließlich befreie ich mich aus Dauds Armen, gehe zur Gartenmauer, stelle die Kamera darauf ab, drücke den Selbstauslöser und kehre zu meinem neuen Freund zurück. Einen Augenblick vor dem Klicken des Verschlusses trete ich dem Knecht vor das Schienbein. Daud macht ein verdutztes Gesicht. Ich ergreife grinsend seine Hand.

Etienne Dinet kommt 1882 nach Algerien und läßt sich dauerhaft hier nieder, erzählt Lumière ihnen auf dem Weg zur weißen Koubba, in der Dinet begraben liegt, ein unscheinbares namenloses Mausoleum östlich des Oueds Bou Saada, am Rand des Palmenhains. Sie hören ihm schweigend zu.

Man neidet ihm den Erfolg vom »Frühling der Herzen« oder »Fata Morgana« und nennt diese Werke Zeugnisse des Dilettantismus.

Es ist wahr, räumt er ein, Dinet ist überwiegend Autodidakt und gibt sich auf eigene Faust seinen künstlerischen Neigungen hin. Dafür aber ist er bereit, sein Leben selbst ins Spiel zu bringen. Was Dinet im Orient sieht, ist nicht der Beduine auf seinem feurigen Araberhengst, nicht die wilde Leidenschaft der Odaliske, nicht ihr gleißendes Geschmeide und buntbesticktes Kostüm, das Delacroix und Fromentin begeistert hat. Er malt die arme, bedürfnislos dahinvegetierende Bevölkerung, wasserholende Frauen am Brunnen, zerlumpte Gestalten im Schatten der Häuser, Mädchen vor dem Webstuhl in armseligen Werkstätten, denen nur das Spiel von Licht und Schatten Schönheit gibt.

Ich bin in Dauds Armen eingeschlafen. Daud hat mich mit seinem Burnus zugedeckt. Nacht im Palmengarten von Timimoun.

Assia, auf der Suche nach mir, kommt mit einer Lampe in den Garten. Sie entdeckt mich im Arm des Knechts. Sie beugt sich über uns, beleuchtet mit der

Lampe unsere friedlichen, unschuldigen Gesichter. Ich halte die Augen fest geschlossen.

Männer mit Fackeln stürmen in den Garten, stürzen sich auf Daud, reißen ihn aus dem Schlaf: Du Lumpenhund, du Kinderschänder, du Mann aus dem Süden, wir hätten es von Anfang an wissen müssen …

Assia steht an der Gartenpforte und sieht mit unbewegtem Gesicht der Mißhandlung des Knechtes durch die Männer des Dorfes zu.

Mit kindlicher Wut verteidige ich den Freund gegen die Angreifer. Im Innersten weiß ich um den Ernst der Situation. Dies ist nicht die Fortsetzung des spielerischen Streits vom Abend. Dieser Kampf ist so wirklich, wie der Schmerz ist. Einer der Männer des Dorfes ergreift mich und schleppt mich zu Assia, ohne daß ich mich gegen den harten Griff seiner Landarbeiterhände wehren könnte.

Assia umschlingt mich mit beiden Armen und hält mir die Augen zu, während sie ihren eigenen Blick nicht von dem blutenden Knecht wenden kann, dem die anderen Männer die Kleider vom Leib reißen.

Ich befreie mich aus der Umarmung meiner Schwester und fliehe aus dem Garten.

Morgendämmerung. Am Rand der Palmengärten, wo übergangslos die Wüste beginnt, eine Steinmauer. Am Fuß der Mauer Daud, an Armen und Beinen gefesselt. Die Männer stemmen sich gemeinsam gegen die Mauer, bis sie einstürzt und Daud unter sich begräbt. Eine Weile stehen sie noch um den Steinhaufen herum und warten, ob sich darunter etwas regt.

Mit dem Aufgang der Sonne wird es heiß. Der Steinhaufen liegt still wie ein Grabhügel da. Einer nach dem anderen kehrt ins Dorf zurück.

Ich schaue der Hinrichtung aus einem Versteck im Palmgarten zu. Ich bleibe hinter meinem Rizinusstrauch sitzen. Ein einziger Same in dem großen rötlichen Panzer kann einen Menschen töten. Halte die Stacheluhr in meiner Hand und starre auf den Steinhaufen, an dem sich inzwischen die Dorfhunde zu schaffen machen.

Den ganzen Tag bleibe ich dort, von den schmalen zähen Blättern kaum vor der sengenden Sonne geschützt. Ein betäubender Terpentingeruch liegt in der Luft. Außer den nervösen Hunden rührt sich nichts.

Am Abend taucht eine verschleierte Frau auf. Mit den Händen räumt sie Stein für Stein fort und legt den leblosen Körper des Erschlagenen frei. Sie nimmt ihren Schleier ab und reinigt damit das zerschundene Gesicht des Knechts. Mechanisch hebe ich meine Leica vor die Augen. Als die Frau mir ihr Gesicht zuwendet, erkenne ich Zarouia, meine Mutter. Plötzlich müde von diesem langen gedankenleeren Tag lasse ich die Kamera wieder sinken.

Fröstelnd warten sie auf die Abfahrt des Busses. Gérard Lumière trägt immer noch dieselbe blutverschmierte und zerrissene Kleidung wie in der Nacht. Alleine wollte er nicht ins Hotel zurück, nicht einmal um sich zu waschen und ein sauberes Hemd anzuziehen. Bis jetzt hat er sie mit seinen kunsthistorischen Vorträgen zu unterhalten oder zumindest von ihrer Obdachlosigkeit abzulenken versucht.

Sicher könnt ihr während der Fahrt nach El Djelfa ein wenig von eurer wohlverdienten Nachtruhe nachholen. Es gibt ohnehin nichts zu sehen. Selten hat es eine langweiligere und eintönigere Wüste gegeben als diesen Teil der Sahara. Und sagt nicht, daß sei doch ein Attribut jeder Wüste: Eintönigkeit. Mitnichten! Ich habe genug Wüsten in meinem Leben erlebt, um euch versichern zu können, daß es nichts Aufregenderes gibt als eine wahre, das heißt ganz und gar wüste Wüste. – Lacht nicht! Die wahre Wüste macht uns keine Angst. Im Gegenteil! Sie verleiht uns ein Gefühl von Heroismus …

Die Kragen ihrer dünnen Sommerjacken hochgeschlagen und die Hände tief in den Hosentaschen vergraben treten sie zähneklappernd auf der Stelle. Diese frühe Morgenstunde ist die kälteste in der Wüste.

Eure Fahrt bis Djelfa ist bezahlt, fährt Lumière in seinem unaufhörlichen Redestrom fort. Wenn ihr nicht zu anspruchsvoll lebt, reicht das Geld bis Timimoun. Ich hoffe, bei den zukünftigen Herbergen wird man euch großzügiger aufnehmen. Auch wenn es weiter nach Süden geht, so werden die Nächte doch nicht wärmer werden, das versichere ich euch. Braucht ihr noch etwas für die Reise? Zigaretten? Proviant? – Lumière schaut sich vergeblich nach einem Kiosk um. Müde, fröstelnde Menschen in Öllachen am Stadtrand. Der Busbahnhof von Bou Saada.

Bei einem fliegenden Händler findet er immerhin Zigaretten, Süßigkeiten und die Zeitungen vom Vortag: Der

Quotidien von gestern. Was soll's! Die Dinge sind ohnehin immer schon geschehen, wenn uns die Nachricht erreicht, erhalten wir sie nun einen Tag früher oder später. Ändern können wir sie ja doch nicht!

Der Busfahrer läßt den Motor an, drückt zweimal auf die Hupe. Die letzten Fahrgäste löschen ihre Zigaretten und steigen in den Bus.

Nun denn, meine jugendlichen Dioskuren, auf geht's! Und entschuldigt meine Geschwätzigkeit. Das Altern beginnt im Mund. Was auch immer er von sich gibt, es ist zuviel. – Er umarmt sie linkisch und schiebt sie in den Bus: Und vergeßt nicht, es gibt auch einen Heroismus der Zurückhaltung, ja der Untätigkeit. Adieu!

EL DJELFA

Eine schmale, wie mit dem Lineal gezogene Landstraße durch die flache graubraune Schutt- und Staubsee. Als einzige Abwechselung die Allee von stählernen Strommasten, parallel zum Asphaltband.

Wieder sitzen sie in diesem Aquarium auf Rädern, wenn auch diesmal auf den vordersten Plätzen, nahe beim Pilotfisch. Laid blättert im *Quotidien* vom Vortag.

Und? Haben wir etwas verpaßt? fragt Nadir träge.

In Arib, nahe Ain Defla, zwanzig Menschen ermordet! liest er seinem Gefährten vor. Die Opfer im Alter von fünf bis sechsundsechzig Jahren entstammen größtenteils der Familie Timtaoucine. Nach den bisher vorliegenden Informationen fand der Anschlag am Dienstagabend gegen acht Uhr statt. Die Terroristen überfielen die Wohnungen in einem Mietshaus der Neubausiedlung von Arib, die alle von Mitgliedern der Familie Timtaoucine bewohnt wurden. Mit Abdelkader Timtaoucine, dem Familienoberhaupt, wurden seine Frau Zentou Fatma, der einundzwanzigjährige Sohn Abdellah, der gerade seinen Militärdienst beendet hatte, und drei Töchter, Fatma, vierzehn Jahre, Fadhela, zehn Jahre, und Bakhta, acht Jahre, ermordet. Der Bluttat zum Opfer fielen auch die Schwester Abdelkaders, Yamina, achtundvierzig Jahre, und ihre drei Kinder, Fouzia, vierzehn Jahre, Aziz, dreizehn Jahre, und der fünfjährige Nacera, die in der Nachbarwohnung lebten. Der Bruder M'Hamed Timtaoucine wurde schwerverletzt ins Krankenhaus eingeliefert, während seine Ehefrau Zoulika, ihre beiden Töchter, Fatiha, dreizehn Jahre, und Aicha, zwölf Jahre, und drei befreundete Nachbarkinder, Fatma-Zohra, neun Jahre, Hayet, sieben Jahre, und Aicha, acht Jahre, die an diesem Abend zufällig bei der Familie M'Hamed Timtaoucine zu Gast waren, ums Leben kamen. Die dritte Wohnung wurde von Mohammed Timtaoucine, einem Cousin der beiden Brüder Abdelkader und M'Hamed und seiner Familie bewohnt. Neben dem Familienoberhaupt Mohammed ermordeten die Terroristen seine zwei Töchter, Zohra, siebzehn Jahre, und Hadjira, dreizehn Jahre alt, darüber hinaus Kheira, die Schwester Mohammeds, die ihrem Bruder den Haushalt führte. Allen Opfern wurde die Kehle durchgeschnitten.

Klingt wie eine griechische Tragödie, kommentiert Nadir Laids Bericht lakonisch. Als habe ein göttlicher Fluch die ganze Familie ausgelöscht.

Nachdem Laid ihm die endlose Liste der Opfer vorgelesen hat, bleibt sein Blick starr auf die Straße vor ihnen gerichtet. Merkwürdige Gegenstände liegen auf dem Asphalt, die von ferne wie plattgefahrene Tierkadaver aussehen. Erst aus der Nähe erkennt er, daß es sich um verstreute Kleidungsstücke handelt, die herrenlos auf der Fahrbahn und am Straßenrand herumliegen.

Komme recht gut mit meinem ereignislosen Alltag klar. Niemand muß meinen Namen kennen. Ich will das Heldentum nicht. Ich will genau das, was wir zurückgelassen haben, das sorglose Dasein! Ein Rabenschwarm schwärzt die Sonne, macht meine Haut noch weißer. Nehmt auch mein Hemd! Auf meiner Haut ist es eine Lüge!

Nadir reicht dem Busfahrer eine Musikkassette mit seinen Lieblingsliedern, Chansons von Si Moh. Wie oft hat er sie, während Nadir bekifft auf der Matratze lag, in seinem fensterlosen Studio abspielen müssen! Laid kann sie nicht mehr hören, doch sagt nichts. Der Fahrer läßt sie nur kurz anspielen, dann gibt er Nadir die Kassette zurück.

Sie mögen keine Berbermusik? fragt Nadir erstaunt.

Das ist doch Unterhaltungsmusik, nicht wahr? antwortet der Fahrer mürrisch. Ich verstehe den Text nicht. Wer weiß, was der Sänger da besingt. Und es sind Frauen unter den Fahrgästen.

Und Sie glauben, sie könnten Anstoß an kabylischen Liebesliedern nehmen?

Die Frauen selber vielleicht nicht. Aber sicherlich ihre Männer!

Kaum ist ein Bartträger unter den Fahrgästen, beginnt die Selbstzensur! braust Nadir auf. Wir sind hier doch nicht in der Moschee, wir sitzen in einem öffentlichen Bus.

Ich will mit Ihnen nicht diskutieren, junger Mann. Ich bestimme, was hier gespielt wird, und damit Schluß!

Ich habe eher den Eindruck, es ist die Prüderie der Fundamentalisten, die hier den Ton angibt.

Hast du nicht verstanden? Keine Diskussion über Politik, keine Diskussion über Religion in meinem Bus! – Die Geduld des Fahrers scheint erschöpft.

Aber Nadir hat die Lust am Wortgefecht gepackt: Und keine Musik, es sei denn das Allahu akbar des Vorbeters. Wenn es einen Gott gibt, wird er wohl kaum etwas gegen Liebeslieder haben. Und wenn er etwas dagegen hätte, dann könnte er mir gestohlen bleiben!

Der Fahrer bremst abrupt, bringt den Bus zum Stehen und öffnet die Vordertür: Raus! Raus aus meinem Bus! Sofort!

Sind Sie verrückt geworden? Dies ist ein öffentliches Verkehrsmittel und nicht Ihr Privatauto. Sie müssen meine Musik nicht spielen, Sie müssen mich nicht mögen oder meine Ansichten teilen, aber Sie müssen uns an unseren Zielort bringen, ob Ihnen unsere Nase paßt oder nicht!

Der Fahrer steht von seinem Sitz auf und winkt zwei kräftige bärtige Burschen zu seiner Unterstützung heran. Gemeinsam packen sie Nadir, zerren ihn zur Tür und stoßen ihn hinaus.

Verdammt noch mal, ihr Heuchler! schreit er die kaltblütigen Männer an. Fünf mal am Tag rennt ihr in die Moschee. In der Zeit zwischen euren Gebeten prügelt ihr eure Frauen und Kinder, mißhandelt eure Gäste, verflucht eure Brüder, und dann besauft ihr euch heimlich aus Selbsthaß und Scham! Verlogenes Pack!

Mit Laid und seinem Kinderrucksack haben sie ein leichteres Spiel. Ohne zu widersprechen, ohne die Lebenden oder auch nur die Toten beschwichtigen zu wollen, stolpert er seinem Gefährten hinterher auf die Wüstenstraße. Ein Wort hätte vielleicht genügt, der Realität wieder zu ihrem Recht zu verhelfen. Aber real ist nun mal das, was sich widersetzt, was sich den Launen, und seien es nur die unserer Einbildungskraft, nicht nahtlos fügt.

Das erlösende Wort fällt nicht. Es ist, als hätte er die Sprache seiner Landsleute vollkommen vergessen und eine neue Sprache noch nicht gelernt. Der Fahrer schließt die Tür und fährt ohne sie weiter. Die übrigen Gäste schauen den Ausgesetzten teils mitleidslos, teils verlegen nach. Feuerstein, denkt er plötzlich, pah, selbst das Wort für Streichholz fällt mir nicht mehr ein.

Sie hocken schweigend im Wüstendreck am Straßenrand und warten auf irgendein Fahrzeug, und sei es ein Eselskarren. Nadir raucht. Gibt den fast aufgerauchten Stummel an Laid weiter. Warten! Eine Ahnung dessen, wie diese Reise ohne Nadir hätte werden können. Er nimmt einen letzten Zug aus Nadirs Selbstgedrehter und tritt den glühenden Rest aus.

Nadir erhebt sich, klopft sich den Staub von der Hose, reicht Laid die Hand: Vamos, amigo! Ehe die Sonne noch höher steht!

Müde suchen seine Augen die leere Straße ab. Dann läßt er sich von Nadir hinaufziehen und stapft hinter ihm am Straßenrand entlang. Kein Haus, kein Baum, kein Strauch ist bis zum Horizont dieser grauen Ebene aus Schotter und Staub zu sehen.

Nadir marschiert ihm voran. Wären wir nicht ungefragt immer wieder diesen Exzessen der Trostlosigkeit ausgesetzt, Nadir würde sie aus Lebenssucht provozieren. Wüste. Hitze. Ein feindseliger Wind. Herausforderung zum Überleben. – Er hat Mühe, mit Nadirs athletischem Ausschreiten Schritt zu halten. Kriegerische Monotonie. Land ohne Frauenantlitz. Er denkt es ohne Groll.

Alles wird vom blendenden Licht zersetzt. Die Oberfläche der Dinge löst sich auf, große Flächen von Weiß, barbarisch einfach und unverbunden, schwindelerregende Orientierungslosigkeit, das Weiß fängt mich, füllt mich, ich und das Weiß sind eins in der weiten bodenlosen Landschaft.

Die kräftige Gestalt vor mir trägt ein großkalibriges Jagdgewehr auf dem Rücken. Das ängstliche Gekläff der Dorfhunde verebbt im verlassenen Raum hinter uns.

Warum bleibst du zurück, Junge? Wir müssen vor ihnen dasein. Ihre Sinne sind so fein, daß sie jede Annäherung sofort spüren würden. – Er wartet, bis ich ihn eingeholt habe, nimmt mich an die Hand und setzt seinen energischen Vormarsch fort. Atemlos versuche ich, mich mit meinen kurzen Beinen seinen festen, weitausholenden Schritten anzupassen, ohne ins Stolpern zu geraten.

Ibrahim al-Asis sucht eine günstige Stelle in den Sanddünen, die eine freie Sicht auf die Wasserstelle eröffnet. Er nimmt das Gewehr von der Schulter, legt sich in den Sand und zieht mich neben sich in die Deckung: Nun müssen wir leise sein, mein Sohn. Du erinnerst dich an alles, was ich dir erklärt habe?

Ich nicke.

Hier, nimm das Gewehr! Nun heißt es, geduldiger und wacher zu sein als der Gegner. Und Dorcagazellen sind, das kannst du mir glauben, die geduldigsten und wachsamsten Wüstenbewohner, die Gott geschaffen hat.

Wir schweigen eine Weile. Mein Vater zündet sich eine Zigarette an: Ich war etwa genauso alt wie du, mein Sohn, als mein Vater das erste Mal mit mir auf die Jagd ging und mich die erste Gazelle schießen ließ.

Werden sie nicht den Rauch deiner Zigarette riechen?

Altkluger Bengel! Unser Schweißgeruch versetzt sie in Angst und Schrecken, nicht aber der Duft brennenden Tabaks. Der kann sie nur vom Geruch ihrer Jäger ablenken.

Eine geraume Zeit geschieht gar nichts. Ibrahim hat inzwischen eine ganze Packung aufgeraucht, und mit ihr die unersättliche Sehnsucht nach Bedeutung. Sein schweres Jagdgewehr in meinen dünnen Kinderarmen nimmt mir jedes Gefühl. Nur noch mit Mühe halte ich die Augen offen.

Plötzlich stößt der Vater mich an und flüstert mir zu: Da, deine erste Jagdbeute, Laid. Erinnere dich, was ich dich gelehrt habe. Erweis dich als ein würdiger Sohn deines Vaters.

Aber das ist doch gar keine Gazelle, Vater. Das ist ja eine Kuh!

Das ist doch vollkommen egal. Wir haben lange genug gewartet. Und wenn die Gazellen heute ihren Fastentag einlegen, muß eben diese dumme Kuh daran glauben. Ziel genau zwischen die Hörner!

Sicher gehört sie jemandem!

Unsinn! Das ist eine Wildkuh, siehst du das nicht! Richte den Lauf einen Fingerbreit über das anvisierte Ziel! Die Kugel fliegt nicht ganz so gerade wie das Licht.

Nur mit größter Anstrengung gelingt es mir, den Abzug des Jagdgewehrs durchzudrücken. Der Rückschlag reißt mir das Gewehr aus der Hand, der Kolben schlägt mir hart ins Gesicht, die Explosion läßt meine Ohren ertauben. Ich blute aus Nase und Mund.

Mein Gott, du unnützer Bengel, sieh, was du angerichtet hast! – Ibrahim nimmt seine Kufija vom Kopf und verbindet mit dem Tuch notdürftig mein Gesicht. Dann nimmt er mich auf den Arm und eilt durch die Sanddünen zur Piste zurück.

Das große Haus ist weder aus Stein noch aus Ziegeln gebaut, sondern aus demselben Lehm, in dem die Hirse ausgesät wird. Es ist ein planlos errichtetes und in vielen Jahren gewachsenes Haus. Ein Zimmer führt ins andere, einige Räume haben so niedrige Türen, daß nur ich mich nicht bücken muß, um hineinzugehen; andere haben überhaupt keine Türen. Manche Räume besitzen viele Fenster, manche kein einziges. Die Wände sind mit einem Gemisch aus feinem Sand, roter Tonerde und Viehdung bestrichen. Die Zimmerdecken bestehen aus mit Lehm verputztem Akazienholz und Palmwedeln.

Das Haus schwitzt einen eigentümlichen Geruch aus, im Sommer nach Pfefferschoten, Schwarzbohnen, Bockshornklee, am Abend mischt sich Weihrauch, das in einem Tongefäß auf glühenden Kohlen verbrannt wird, dazu. Im Winter legt sich ein schwerer Duft aus Fäulnis und Verwesung über den würzigen Sommergeruch. Sommer und Winter, andere Jahreszeiten gibt es nicht.

Ich liege mit verbundenem Kopf auf meinem Lager im abgedunkelten Zimmer. Am Mittag ist das Land schwarz vor greller Sonne.

Ibrahim betritt leise den Raum, die Hände auf dem Rücken. Er kommt an mein Bett und spricht mich an: Hast du dein Gehör zurückerlangt, mein Sohn?

Ich schaue ihn an, sage aber nichts.

Gott hat es besser mit dir gemeint, fährt mein Vater fort, als du es verdient hast. Ein großer Jäger aber wird aus dir wohl nicht werden!

Ich habe die Kuh nicht getroffen?

Ibrahim lacht: Irgendeine Himmels- oder Wolkenkuh vielleicht, die dir zufällig in die Schußbahn geflogen ist.

Ich sage erleichtert: Wolkenkühe lassen sich nicht so leicht erschießen!

Vor allem nicht an wolkenlosen Tagen. Hier, das habe ich dir für deine zukünftigen Jagden besorgt! – Er reicht mir ein merkwürdiges schwarzes Lederfutteral.

Was ist das?

Das ist ein Fotoapparat. Auch damit kann man auf die Jagd gehen. Doch frage Ali, den Drogisten, wie man das Ding handhabt. Er hat es mir verkauft und mir versprochen, auch noch die nötige Munition, das heißt die Filme dafür zu besorgen. Er wird dir zeigen, wie man sie einlegt und damit schießt. Und das ganz ohne Explosionen.

Das blendende Weiß und der dumpfe Knall eines altmodischen Blitzgerätes reißen das fensterlose Studio Alis für einen Augenblick auf. Ich halte den großen silbernen

Blitzlichtschirm, während Ali die schwere Plattenkamera bedient. Vor dem riesigen lidlosen Geckoauge Ibrahim in seiner schmucken Offiziersuniform. Das Radio läuft. In diesen Tagen läuft das Radio den ganzen Tag. Überall im Land skandieren Demonstranten Hurrija, Freiheit! In Setif und Guelma arten die Kundgebungen nach dem Einschreiten der Polizei aus. Einheimische dringen in die Polizeireviere ein und töten wahllos zwanzig Menschen. Der Aufstand droht auf andere Städte des Ostens überzuspringen.

Ich muß nun zum Dienst, Ali. Wenn dir der Junge im Weg steht, schick ihn nach Hause.

Nein nein! Dein Sohn ist so still und aufmerksam, er stört überhaupt nicht. Er mag mir zur Hand gehen, solange er sich mit mir altem Bilderdieb nicht langweilt.

Daß du ihn mir nicht noch mehr verdirbst! Schon jetzt steckt etwas zu Leises und Diebisches in ihm. – Mein Vater betrachtet sich kurz im Spiegel, richtet die olivgrüne Krawatte, fährt mit der Hand über das pomadeglänzende Haar und verläßt mit militärisch knappem Gruß den Laden des Drogisten.

Nachdem die Ladentür hinter Ibrahim ins Schloß gefallen ist, wendet sich Ali an mich: Ein stilles Pflänzchen zu sein scheint mir nicht weniger ehrenhaft als ein lautes Tier mit dem Geruch von Grausamkeit. – Noch hängt der Duft von Ibrahims Haarfett in der Luft. Ich verstehe nicht, wovon der Alte spricht.

Ah, Geschwätz einer greisen Krämerseele. Wo hast du deine Kamera, mein Junge?

Er führt mich zu einer Glasvitrine mit einigen alten Fotoapparaten, die augenscheinlich schon geraume Zeit auf Käufer warten: Schau, das ist eine Sucherkamera. Durch den Sucher siehst du nicht exakt dasselbe, was nachher durch das Objektiv auf den Film gebannt wird. Das ist sozusagen eine Kamera mit zwei Augen. Die Leica, die du von deinem Vater geschenkt bekommen hast, ist eine Spiegelreflexkamera. Mit ihr siehst du direkt durch das Kameraauge das Bild, das du schießen willst. Der einzige Nachteil ist, daß im Augenblick des Fotografierens ein Spiegel nach oben klappt, damit das Licht auf das Negativ fallen kann, du aber in diesem Augenblick nichts siehst. Das ist die Güte und der Mangel der Einäugigkeit: Ihr blickt durch ein und dieselbe Linse, aber nicht gemeinsam zur selben Zeit. Während der eine sieht, ist der andere blind.

Ali schraubt das Objektiv vom Gehäuse und führt mir die Funktionsweise des Klappspiegels vor. Dann öffnet er den Deckel des Negativfachs und legt die Filmrolle ein: Geh sparsam mit den Bildern um. Je mehr Bilder du schießt, um so bedeutungsloser ist das einzelne Bild. Warte auf den Augenblick, der dir wichtig erscheint. Der nicht nur ein beliebiger Augenblick im Strom der Bilder ist, sondern ein Wendepunkt, an dem, wie bei der Bewegung des Pendels, für einen kurzen bedeutsamen Moment die Zeit still steht.

Spielende Kinder. Noch sitze ich allein vor dem Hoftor, die Kamera in meinem Schoß, mehr Spielzeug als Waffe. Doch schon rücken sie näher, die Nachbarjungen, auch wenn sie mit keinem Blick, keiner Geste ihre Neugier zeigen.

Noch nie habe ich so ausdauernd geschaut. Die Jugendlichen auf dem Dorfplatz, den Kinderspielen schon entwachsen, begnadete Verführer, entfalten vor meinen Augen ihre seltsamen Rituale erwachender Männlichkeit, äffisches Imponiergehabe, obszöne Griffe ans Geschlecht, werde ich einmal genauso sein?

Nun legt sich einer der jungen Männer auf den staubigen Platz, wo am Morgen noch der Markt stattfand, und stimmt ein schlichtes rhythmisches Ah-ah-ah an. Der nächste legt sich hinzu, starrt in denselben blendendschwarzen Mittagshimmel und ergänzt das Ah-ah-ah seines Kameraden mit einer zweiten, eine Terz höher gelegenen Stimme. Ein dritter, ein vierter folgt. Dann liegt die ganze Jungenschar im Staub, von der Julisonne blind in eine spontane heidnische Liturgie vertieft.

Zurück im Hof unseres Hauses. Ibrahim in Uniform hinter dem Steuerrad seines alten Peugeots, auf seinen Knien Assia, meine Schwester, die eigentlich schon in dem Alter ist, wo sie sich von Männern fernzuhalten hat.

Ibrahim zeigt ihr, wie man den Wagen startet und langsam anfährt. Assia erweist sich als talentierte Schülerin.

Ich beobachte Vater und Tochter vom Tor aus. Assia drückt auf die Hupe und ruft mir zu: Aus dem Weg, Laid! Hast du nicht verstanden? Aus dem Weg!

Ibrahim lacht: Mach ein Foto, Laid! Deine Schwester ist vermutlich die erste Frau Timimouns, die ein Auto zu fahren versteht.

Ich mache weder ein Foto, noch gehe ich aus dem Weg. Langsam rollt der Wagen auf mich zu. Nein, Timimoun kennt keine Gnade. Sie glauben nicht wirklich an Gott, berufen sich aber gerade in ihrer Gnadenlosigkeit auf ihn. Assia hupt und schreit, Ibrahim amüsiert sich über die Burschikosität seiner Tochter und läßt den Wagen rollen.

Endlich stürzt Zarouia aus dem Haus, reißt die Wagentür auf und zerrt ihre Tochter vom Schoß ihres Mannes: Schämst du dich nicht, Ibrahim? Die ganze Nachbarschaft ist Zeuge deiner Schamlosigkeit geworden. – Ins Haus, Assia!

Assia blickt fragend zu ihrem Vater. Ibrahim zwinkert ihr zu: Nun geh schon, meine kleine Kriegerin. Wir setzen morgen den Unterricht fort. Und du, Zarouia, solltest froh sein, wenigstens einen echten Soldaten unter deinen Kindern zu haben.

Amüsier dich mit deinen Kameraden, Kerl, und verdirb mir die Kinder nicht!

Vor uns, am Straßenrand, ein alter Citroën mit geöffneter Motorhaube. Das Wichtigste beim Reisen ist, auch das zu sehen, was man nur wahrnehmen würde, wenn man zu Hause geblieben wäre. Zum Beispiel die scharfe Kante der Motorhaube, die, träfe sie den über den Motorblock Gebeugten im Nacken, ihn vielleicht nicht durchschlagen, aber sehr wohl brechen könnte.

Mit neuerwachter Energie marschieren sie auf das Auto zu. Der Fahrer ist ihren Blicken größtenteils verborgen. Ihnen fallen nur die straffgespannten Gesäßmuskeln ins Auge. Er bemerkt ihre Ankunft erst, als Nadir ihn anspricht: Können wir Ihnen helfen?

Der Fahrer taucht aus der wirren Welt der Kabel, Kolben und Wellen auf und schaut sich zu den beiden unerwarteten Spaziergängern um. Es ist eine Frau.

Ihr habt mich aber erschreckt! Was macht ihr hier zu Fuß, hundert Kilometer von der nächsten Ortschaft entfernt?

Man hat uns aus dem Bus geworfen, antwortet Nadir, weil man unseren Musikgeschmack nicht mochte.

Barbaren! – Die Frau lächelt.

Wir oder unsere Kritiker? fragt Nadir.

Das wird sich zeigen. Versteht ihr etwas von Automotoren?

Ich glaube schon. Lassen Sie mich mal sehen!

Während Nadir sich am Motor zu schaffen macht, setzt sie sich zu Laid in den Wagenschatten. Sie zündet sich eine Zigarette an: Rauchst du?

Gelegentlich, antwortet Laid. Einen Zug.

Schweigsam schaut sie Nadirs geübten Handgriffen zu. Er hat sich die Jacke ausgezogen. Laid folgt ihrem Blick entlang der geschwollenen Adern bis zur kleinen Tätowierung auf dem Oberarm. Sie reicht ihm ihre Zigarette. Er nimmt einen Zug, dann gibt er sie der unbekannten Frau zurück.

Du redest nicht viel, oder? – Sie mustert ihn mit einem spöttischen Lächeln.

Ich höre gerne zu.

Das gibt es selten. – Ich heiße Laila.

Ich heiße Laid. Und der Kerl mit der zerbrochenen Armbanduhr ist Nadir.

Willst du noch einen Zug, Laid? – Er schüttelt den Kopf. Sie tritt die Zigarette aus.

Ich hatte mal eine Schwester, die Laila hieß.

Du redest von ihr in der Vergangenheit?

Sie ist schon lange tot. Ich erinnere mich kaum noch an ihr Aussehen. Aber wenn ich den Namen höre, stimmt es mich immer noch traurig.

Es ist ein trauriger Name, mein Junge, Laila, Nacht.

Nadir unterbricht sein Eintauchen in diesen ihm so vertrauten Ölgeruch, dem Parfum seiner Arbeit: Ich denke, jetzt müßte der Motor wieder laufen. Wollen Sie mal starten?

Laila setzt sich ans Steuer und dreht den Zündschlüssel. Der Motor springt mühelos an: Du mußt ein Magier sein, Nadir. Glaube nicht, ich verstünde nichts von Motoren!

Nadir macht eine wegwerfende Handbewegung: Es ist das Alter. Die Hälfte unseres Landes ist ein Autofriedhof!

Darf ich euch trotzdem bis Djelfa mitnehmen?

Wir wollten eigentlich noch ein Stückchen zu Fuß gehen, nicht wahr, Laid, und die atemberaubende Aussicht genießen.

El Djelfa, eine reizlose Provinzstadt, hingestreckt wie ein vergeblich gegen den Verfall ankämpfender Frauenleib unter einem dicken, taktvollen Mann.

Ich weiß nicht, was euch nach El Djelfa führt, plaudert Laila, doch die einzige Besonderheit, die ich nach einem halben Leben in diesem Nest zu nennen weiß, ist die, daß es sich um den kältesten Ort im ganzen Land handeln muß.

Wir hatten ohnehin nicht vor, lange zu bleiben, antwortet Nadir.

Aber ihr bleibt doch über Nacht, nicht wahr? Um diese Zeit werdet ihr hier nicht mehr wegkommen. Mit Sonnenuntergang werden alle Überlandstraßen gesperrt. Und selbst ohne diese Sperrung würde sich niemand trauen, bei Nacht zu reisen.

Sie hält vor einem Hotel.

Ich glaube, man wird uns wohl nicht aufnehmen, murmelt Nadir.

Macht euch um das Geld keine Sorgen, entgegnet Laila.

Geld ist nicht das Problem. Laids Ausweis ist das Problem. Er ist ihm gestohlen worden. Und die Polizei in Bou Saada hat sich geweigert, ihm ein Ersatzdokument auszustellen. Aber das wird uns kein Hotelbesitzer glauben.

Nun, ich glaube euch. Ich habe weiß Gott genug Erfahrung mit unserer Polizei.

Das ist sehr freundlich von Ihnen. Doch wird es kaum einen verängstigten Hotelbesitzer barmherzig stimmen.

Mehr als das, Nadir, es wird ihm eine Ehre und ein Vergnügen sein, euch beherbergen zu dürfen. Das Hotel gehört nämlich mir.

Laid liegt bereits im Bett. Nadir kommt aus dem Bad: Liest du mir vor?

Er schlägt die Bettdecke zurück.

Einen Augenblick noch! – Nadir kramt Zigaretten und ein Päckchen Marihuana aus seinem Rucksack. Dann schlüpft er zu Laid unter das Laken: Ah, bereits gut vorgewärmt!

Sie hören eine Rotte balgender Hunde, deren Bellen nicht aufhören will.

Hier, nimm einen Zug!

Fliegenpilz?

Tollkirsche!

Haben die Tuareg damit nicht die Mannschaft von Oberst Flatters vergiftet?

Keine Ahnung. Es bricht auf alle Fälle jeden Widerstand.

Laid zieht das Lesezeichen aus Nadirs Buch und beginnt es wieder von vorne: Heute ist Mama gestorben. Vielleicht auch gestern, ich weiß es nicht. Aus dem Altersheim bekam ich ein Telegramm: Mutter verschieden. Beisetzung morgen. Vorzügliche Hochachtung. – Das besagt nichts. Vielleicht war es gestern …

Ich habe die Erde rot in Erinnerung. In Wirklichkeit ist sie schwarz. Naß und schwarz klebt sie an den Stiefeln der beiden Männer. Nach einer kurzen Pause schlagen sie nochmals gegen die Tür, diesmal lauter, ungeduldiger. Aus dem Schlaf gerissen öffnet Zarouia.

Warum ist das Haus verschlossen wie ein Gefängnis? brummt Ibrahim.

Konnte ich wissen, daß du mitten in der Nacht nach Hause kommst? antwortet Zarouia ruhig.

Mach Licht! Und bring uns etwas zu essen! Ich habe einen Gast mitgebracht.

Brüll nicht so! Du bist ja betrunken. Du weckst noch das ganze Haus auf!

Empfängt man so Gäste im Hause al-Asis? Schweig und koch uns etwas Gutes. Und weck Laila, daß sie dir zur Hand geht! – Komm, Samir, tritt ein, ahlan wa-sahlan!

Die beiden Uniformierten stapfen mit ihren dreckverschmierten Stiefeln in den Diwan und lassen sich auf den Teppichen nieder, während Zarouia sich mit ausdruckslosem Gesicht in die Küche zurückzieht und ein Mahl für den späten Gast zubereitet.

Ibrahim und Samir trinken indessen weiter, direkt aus den Flaschen, die sie mitgebracht und nun ungeniert aus ihren Armeemänteln gezogen haben, reden aber mit gedämpfter Stimme, als handle es sich um militärische Geheimnisse. Sie sind beide in das Studium einer Karte vertieft, als Zarouia ihnen das Tablett mit den Speisen bringt.

Du hast Laila nicht geweckt? – Ibrahims Stimme klingt ungehalten.

Laß das Kind schlafen, antwortet Zarouia mit gleichbleibender Ruhe. Ich brauche keine Hilfe, um zwei Männer satt zu bekommen.

Geh und weck sie! Ich will sie unserem Freund vorstellen.

Unserem Freund? Ich kenne den Mann nicht.

Samir ist nicht nur mein bester Kamerad, braust Ibrahim auf, er ist mir inzwischen ein Bruder. Zweimal hat er mich im letzten Augenblick aus der Hölle herausgeholt. – Kameradschaftlich legt er seinen Arm um Samirs Schultern und blickt den Freund mit glänzenden Augen an: Und ein ganz und gar durchtriebener Spieler ist er. Ich schulde ihm eine ganze Menge!

Doch wohl kaum den Anblick deiner Tochter, Mann! – Zarouias Stimme bebt.

Was verstehst du davon! brüllt Ibrahim. Geh und bring sie her, oder ich geh selbst und weck sie!

Schweigend verläßt Zarouia den Gastraum und kehrt nach einer Weile mit meiner jüngeren Schwester zurück, einem elfjährigen Kind, das verschlafen, aber nicht ohne Neugier dem Vater und seinem Kameraden ins Gesicht blickt.

Ibrahim wendet sich seinem Gast zu: Nun, was sagst du, Samir? Habe ich dir zuviel versprochen?

In der Tat, ein hübsches Ding! lallt Samir.

Und du, Laila, was sagst du zu meinem Freund Samir? Ist das nicht ein Mann zum Liebhaben?

Wir Timimouner sind nicht wirklich schön. Wir legen auch keinen Wert auf Schönheit. Wir tätowieren uns, ritzen uns kleine, tiefe Male in die Haut und färben sie blau, Adernetze, zarte Schleier, die unser nacktes schamloses Gesicht verbergen. Das Ungeheure und Bestialische verschwindet hinter unserer Liebe zum Ornamentalen.

Es reicht jetzt! – Jede Weichheit ist aus Zarouias Stimme verschwunden. Geh wieder zu Bett, Laila!

Habe ich dich gefragt, Frau? Also schweig! – Ibrahim

wendet sich direkt an seine Tochter: Nun, was sagst du, Laila?

Zarouia, mit eisiger Kälte: Was hat das zu bedeuten, Ibrahim? Verschacherst du nun dein eigenes Kind, ein gerade mal elfjähriges Mädchen?

Du warst kaum älter, als dein Vater dich mir zur Frau gab.

Das ist wahr, erwidert Zarouia leise, aber fest. Ich weiß also genau, wovon ich spreche.

Nichts weißt du! Samir ist ein guter Mann und ein tapferer Soldat. Er wird es noch weit bringen. Und wenn er meine Tochter nimmt, so hat sie allen Grund, dafür dankbar zu sein.

Du bist verrückt, Ibrahim. Wer ist denn dieser Mann? Er ist weder aus dem Dorf noch mit uns verwandt. Was weißt du von ihm, außer daß er ein guter Soldat und ein noch besserer Säufer und Spieler ist –

Ibrahim springt auf: Schweig, Frau! Er hat mein Wort. Und wenn er sie will, kriegt er sie. Noch nie hat ein Mann aus dem Hause al-Asis sein Wort nicht gehalten! – Für einen Augenblick scheint er die Orientierung zu verlieren. Dann, ruhig, aber bestimmt: Pack ihr ein paar warme Sachen ein. Sie wird gleich heute nacht mit uns gehen!

Zarouia packt das Mädchen am Arm: Laila, geh auf dein Zimmer!

Ibrahim verliert jede Selbstbeherrschung: Du wagst es, mir zu widersprechen, deinem Mann und Ernährer? Und das vor seinem besten Freund und zukünftigen Schwiegersohn? – Er schlägt seiner Frau ins Gesicht.

Zarouia, unbeirrt: Laila, geh auf dein Zimmer!

Laila, du bleibst. Und du, Weib, schweigst und gehorchst! – Er schlägt Zarouia ein weiteres Mal. Sie wischt sich das Blut und die Tränen aus dem Gesicht, verläßt aber ihren Platz an der Seite des Mädchens nicht: Laila, komm, gib mir deine Hand. Ich bringe dich zu Bett.

Außer sich vor Wut schlägt Ibrahim mit den Fäusten auf die Frau ein, bis sie wimmernd zusammenbricht. Erschrocken wie ein großmäuliger Halbstarker, der zu weit gegangen ist, beugt er sich über sie: Du wirst sehen, Zarouia, Samir ist ein guter Mann. Laila wird es gut haben mit ihm. Das verspreche ich dir. – Er richtet sich scheu auf, ohne die wimmernde Frau noch einmal berührt zu haben.

Samir, Laila, es ist Zeit, daß wir uns auf den Weg machen, ehe uns das Tageslicht überrascht. – Er nimmt Laila an die Hand, läßt seinen Gast vorangehen. Zarouia bleibt zusammengekrümmt auf dem Boden des Gastraumes zurück.

Zarouia und Assia falten frischgewaschene Laken zusammen und stapeln sie auf dem Küchentisch. Lakenbeschwörer. Wahrheitsfalter unter den laublosen verkrüppelten Stämmen der rußigfettigen Küchendecke. Das Radio meldet Explosionen in Cafés und Restaurants der Hauptstadt, in Autobussen und auf belebten Märkten.

Plötzlich steht Ibrahim in der Tür. Er hat ein schweres, in eine schmutzige Armeedecke gehülltes Bündel auf dem Arm. Wie gelähmt starren die Frau und das Mädchen den Mann an.

Ibrahim geht zum Tisch, wischt den Stapel sauberer Wäsche herunter und legt sein Bündel darauf ab, vorsichtig, als sei sein Inhalt noch lebendig. Dann schickt er seine Tochter hinaus: Geh und bring meinen Vetter Abdul Malik her. – Hast du nicht verstanden, Assia? Nun geh schon!

Assia eilt gehorsam davon. Langsam geht Zarouia auf den Tisch zu, streckt die Hand aus, um die braunfleckige Decke aufzuschlagen. Ibrahim hält mit hartem Griff ihr Handgelenk fest: Es sind nicht unsere Leute gewesen. Das Camp ist überrannt worden. Samir hat versucht, sie vor den Angreifern zu schützen, glaub mir. Er hat seine Unerschrockenheit mit seinem eigenen Leben bezahlt.

Zarouia befreit ihren Arm aus dem Griff Ibrahims und zieht die Decke fort. Lailas zerschlagenes und blutverkrustetes Gesicht starrt ihr entgegen. Zarouia schiebt ihren Mann zur Seite und deckt den ganzen Körper des zerschundenen Kindes auf.

Ibrahim steht hilflos dabei, als warte er auf ein erlösendes Wort. Es fällt nicht. Stumm beginnt Zarouia, den Leichnam ihrer Tochter zu waschen.

Assia kehrt mit Abdul Malik zurück. Entsetzt bleibt der Vetter in der Tür stehen.

Ibrahim begrüßt ihn erleichtert: Gut, daß du gleich gekommen bist, Abdul Malik. Kümmere dich um Zarouia und die Kinder. Ich muß zurück zu meiner Truppe. Wir rücken noch heute ab. Ich weiß nicht, wie lange die Operation dauert. Doch ich kann mich auf dich verlassen, nicht wahr?

Sicher, Ibrahim. Doch was ist geschehen? Ist das Laila?

Ich kann es dir jetzt nicht erklären. Ich muß nun los. Also, ich habe dein Wort. Adieu, Vetter!

Ibrahim verläßt das Haus. Nun endlich hallt der Klageschrei Zarouias durch die leeren Räume. Sie zerreißt ihr Kleid, rauft sich das Haar, zerkratzt sich das Gesicht. Nachdem sie Laila in ein sauberes Laken gehüllt hat, rast sie durch das Haus, klaubt alle Gegenstände, die an Ibrahim erinnern, zusammen, darunter auch das Foto meines Vaters in Uniform, das Ali mit meiner Hilfe schoß, wirft sie im Hof auf einen Haufen und setzt ihn in Brand.

Als Assia zumindest die Fotos ihres Vaters aus dem Feuer retten will, jagt Zarouia sie wie eine Furie fort.

Abdul Malik will seiner Nichte tröstend den Arm um die Schultern legen, doch Assia läßt den gutmütigen Onkel wie einen dummen Schuljungen am Rand des Schlachtfeldes stehen.

Während Zarouia im Hof ihren Schmerz austobt, stehe ich vor der auf dem Küchentisch aufgebahrten Schwester, den Fotoapparat in der Hand. Ich schlage das Tuch zurück und blicke aufmerksam in das vom Blut gesäuberte Gesicht. Sie war die Jüngere meiner beiden Schwestern und immer die Zurückhaltendere und Unauffälligere. Ich berühre ihren eisigen Mund. Ihr nacktes aufgeschürftes Fleisch. Die blütenblättrigen Wundränder. Wach auf, Laila, und schau her! Ich will ein Foto von dir machen. –

Ich stoße ihren puppenhaften Körper an, der sich weich und elastisch anfühlt: Hörst du mich nicht? Ich weiß, daß du mich hörst, Schwester. Warum schlägst du nicht die Augen auf? – Gewaltsam öffne ich ihr die Lider. Sie starrt mich aus toten Augen an. Ich lächle, hebe die Kamera.

Mit weit geöffneten Augen liegt er im Bett, starrt an die mit Styroporstuck beklebte Decke ihres Hotelzimmers, lauscht. Der Platz neben ihm ist leer. Vom Nachbarbett hört er das leise Ächzen der Matratze. Im von der Neonreklame HOTEL REGINA stroboskopisch aufgerissenen Dunkel erkennt er das rhythmische Auf und Ab von Nadirs Bettdecke.

Nadir liegt auf Laila. Laid sieht Laila nicht, aber er spürt ihre Anwesenheit. Mit der Linken hält Nadir ihr den Mund zu, ihr Stöhnen soll ihn nicht wecken. Nadirs Gesicht ist hart und verbissen, während er sie mit langsamen, tiefen Stößen fickt. Sie hat ihre Hände in seine kräftigen Arschbacken gekrallt und starrt mit weit aufgerissenen Augen ins Leere. Ihr Atem geht keuchend unter Nadirs harter Hand auf ihrem halb geöffneten Mund.

Auch er schaut sie nicht an. Sein Blick ist auf ihr verschwitztes Haar und das zerwühlte Kissen neben ihrem Kopf gerichtet.

Laid rührt sich nicht. Vergeblich versucht er, seine Ohren vor den Geräuschen zurückgehaltener Lust zu verschließen.

Verdammt, diese Bastarde! – Laila begutachtet die malträtierte Windschutzscheibe ihres Citroëns.

Jemand hat sie mit Steinen beworfen. Schau, die Kühlerhaube hat es auch erwischt! kommentiert Nadir fachmännisch den Schaden.

Ist nicht das erste Mal, daß man sich an meinem Eigentum vergreift. – Resigniert schüttelt Laila den Kopf. Dann schließt sie den Wagen auf: Was soll's! Bis zur Taxistation kann ich euch mit dem Wrack auf jeden Fall noch fahren. – Sie öffnet ihnen die Tür. Diesmal nehmen sie beide auf dem Rücksitz Platz.

Sieht nach einem richtigen Anschlag aus. Da hat man sich wohl im Adressaten geirrt, oder?

Nein, keineswegs. Der Wagen ist ja nur Ersatz. Am liebsten hätte man die Steine direkt auf mich geworfen, eine alleinstehende Frau, die in einem anrüchigen Gewerbe ihr Geld verdient, und das auch noch erfolgreich.

Auf der Kühlerhaube sind es überwiegend Lackschäden. Aber die Windschutzscheibe muß auf jeden Fall ersetzt werden.

Lassen wir uns durch ein paar Kratzer nicht den Tag verderben. Auf geht's!

Denkst du nicht manchmal daran, dieses langweilige Nest einfach zu verlassen?

Glaubst du, woanders ist es besser? Ich habe vorher in Algier gelebt und mußte ganz andere Sachen über mich ergehen lassen. Hier geht es im großen und ganzen ja noch zivilisiert zu.

Langsam fährt sie über den weiten, ungepflasterten Platz am Stadtrand, auf dem die Sammeltaxen auf ihre Fahrgäste warten, bis sie die Haltestelle der Wagen nach Ghardaia gefunden hat. Sie fragt den Fahrer: Wie viele Fahrgäste fehlen noch?

Ihr seid die ersten, antwortet der Fahrer mürrisch.

Laila wendet sich zu den beiden um: Verzeiht, daß ich nicht bis zur Abfahrt warte, meine Freunde. Es kann noch eine ziemliche Weile dauern, bis das Taxi voll ist.

Kein Problem, Laila. Wir werden uns schon die Zeit vertreiben! antwortet Nadir, öffnet die Wagentür und klettert Laid voran hinaus auf den staubigen Platz.

Und ich bin ohnehin schon spät daran. Macht's gut, Jungs. Und wenn ihr mal wieder in der Gegend seid, ihr wißt ja, für euch ist immer ein Zimmer frei.

Auf Wiedersehen und vielen Dank.

Adieu und gute Reise!

Ein Abschied wie zwischen Fremden. Als seien nur selbstverständliche Gefälligkeiten ausgetauscht worden, ein hilfreicher Handgriff in den Motorraum für eine Mitfahrgelegenheit in den nächsten Ort. Dies verspricht in der Tat, ein sonniger Tag zu werden. Ein Tag der Güte, der freundlichen Worte, Worte wie fette, langbeinige Spinnen, haarig wie eine Achsel.

Sie belegen die hintere Bank mit ihrem Gepäck und hocken sich dann im Schatten des Wagens in den Dreck und warten.

Nadir steckt sich eine Zigarette an: Eine verrückte Frau, findest du nicht auch?

Hmm, murmelt Laid.

Doch verheiratet möchte ich mit ihr nicht sein! – Laid

antwortet darauf nicht. Und auch Nadir verstummt. Schließlich reicht er dem Freund den fast zu Ende gerauchten Zigarettenstummel.

Der Fahrer nutzt die Wartezeit, seinen Wagen zu säubern. Er geht dabei mit bedächtiger Pedanterie vor. Nadir beobachtet die fast weihevollen Handbewegungen mit zunehmender Gereiztheit. Doch da es nichts weiter zu tun gibt, als zu warten, gibt es auch keinen Grund, dieses zähe, nutzlose Ritual zu kritisieren.

Sie schlendern über den staubigen Platz. Schachspieler, die nicht aufschauen, ein Läufer, der die Königin bedroht, ein Bauer, der den König schlägt, Laid hätte den Spieler warnen können, doch hätte der Spieler ihm seine Einmischung wohl eher übelgenommen als gedankt.

Ein alter Mann und seine verschleierte Frau mit ihren zwei kleinen Kindern haben inzwischen die mittlere Bank besetzt. Doch immer noch sind zwei Plätze frei. Nadir und Laid machen es sich erneut im allmählich knapp werdenden Schatten des Wagens bequem. Laid liest, Nadir raucht. Der Fahrer poliert mit ausdauernder Andacht die Radkappen des Renaults.

Wenn wir nicht bald aufbrechen, bemerkt Nadir beiläufig, werden wir kaum noch vor Anbruch der Nacht in Ghardaia sein.

Wir können sofort aufbrechen, entgegnet der Fahrer, ohne sein Reinigungsritual zu unterbrechen, wenn du für die noch fehlenden Fahrgäste mitbezahlst.

Wer weiß, ob heute überhaupt noch jemand kommt. Es ist fast Mittag.

Wenn heute niemand mehr kommt, fahren wir eben morgen. Doch ich breche nicht mit halbleerem Wagen auf. Da ist es für mich billiger, gar nicht zu fahren!

Gerade haben sie sich am Imbißstand einen Kebab bestellt, als das Ältere der beiden Kinder zu ihnen gerannt kommt und ihnen mitteilt, der Wagen sei nun voll, der Fahrer wolle endlich los.

Nadir antwortet ruhig: Sag ihm, wir sind unterwegs. – Der Junge eilt davon. Dann, zum Kebabverkäufer: Mit reichlich Zwiebeln und Knoblauchsauce bitte. Und pack es uns zum Mitnehmen ein!

Gemächlich schlendern die beiden Männer durch Öllachen und Schlacke zu ihrem blitzblanken Taxi zurück. Der Motor läuft bereits. Auf dem Vordersitz, neben dem Fahrer, hat es sich ein dicker, schnurrbärtiger Mann in Uniform bequem gemacht, auf ihrer Rückbank hat sich ein ebenso beleibter, doch kahlköpfiger Mann in durchgeschwitztem Geschäftsanzug und ausgebleichter Krawatte neben ihr Gepäck gequetscht, die schäbige Aktentasche auf den dicken, damenhaft zusammengepreßten Schenkeln. – Sie erkämpfen sich die ihnen zustehenden Plätze zurück. Mißbilligend beobachten der Fahrer und ihr Banknachbar, wie sie nun ihre vor Fett und Sauce triefenden Kebabs aus dem Zeitungspapier schlagen und zu essen beginnen, sagen aber nichts.

Nadir bietet seinem Banknachbarn ein Stück gefülltes Fladenbrot an. Jener schüttelt angewidert den Kopf. Dann reicht Nadir das Stück dem Knaben auf dem Sitz vor ihnen und reißt ein weiteres Stück für dessen jüngeren Bruder aus seinem Brot. Nach einem fragenden Blick auf den Vater nehmen sie den kleinen Imbiß dankbar an.

Nun kann der Fahrer sich nicht länger zurückhalten: Paß bitte auf, Hadsch, daß deine Bälger mir die Sitze nicht versauen! – Nadir zwinkert den Knaben zu und versucht verzweifelt, seine fettglänzenden Finger heimlich an den Polstersitzen oder am farblosen Anzug seines Nachbarn abzuwischen. Die Knaben verschlucken sich fast vor unterdrücktem Gelächter.

GOUERARA

Nacht. Irgendwo auf der Wüstenstraße zwischen Laghouat und Berriane. In diesem Niemandsland plötzlich eine Straßensperre. Ein Landrover mit Blaulicht steht quer auf der Fahrbahn; zwei Wagen vor ihnen sind bereits zum Anhalten gezwungen worden. Ehe das Taxi zurücksetzen und wenden kann, nähert sich ein vollbesetzter Minibus und hält dicht hinter ihnen. Ihr Chauffeur gibt dem Busfahrer ein Zeichen. Inzwischen aber blockiert ein zweiter Landrover das hintere Ende ihrer kleinen Kolonne, so daß sie zwischen ihnen eingekeilt sind.

Mit Maschinenpistolen bewaffnete Uniformierte springen aus den Landrovern und zwingen alle Fahrzeuginsassen auszusteigen.

Das sind keine Polizisten, raunt der dicke Offizier auf dem Vordersitz dem Taxifahrer zu. Sie zeigen ja ihre Gesichter! Unsere Antiterrorkommandos sind bei ihren Einsätzen vermummt!

Schon stehen die Uniformierten vor den Türen ihres Sammeltaxis und zerren die Fahrgäste hinaus. Der dicke Offizier will protestieren, doch ein Kolbenhieb läßt ihn verstummen.

Sag, daß das alles nur ein schlechter Trip ist, flüstert Laid Nadir zu. Sag, daß wir zuviel Gras geraucht haben oder das falsche Zeug!

Es ist bestes Pot aus heimischer Produktion! flüstert Nadir zurück.

Professionell unterziehen die Uniformierten den Offizier einer Leibesvisitation und nehmen ihm die Dienstwaffe ab. Die beiden Jungen auf der mittleren Bank beginnen zu weinen. Beschwichtigend streicht Nadir ihnen über das Haar, während ihr Vater bereits, willenlos vor Angst, aus dem Wagen klettert, dann die Söhne packt und zu sich auf die Straße zerrt. Ihnen folgt die Frau. Laid sieht nur ihre Augen, weil der Rest ihres Gesichts verschleiert ist. Er findet keinerlei Gefühlsregung in ihrem Blick, vor allem keine Angst.

Endlich zwängt sich unbeholfen der dicke Geschäftsmann von der Rückbank aus dem Wagen. Verschämt hält er seine Aktentasche vor den Schritt seiner Hose, auf der sich ein dunkler feuchter Fleck abzeichnet.

Als Nadirs Banknachbar ihnen schließlich den Weg frei gemacht hat und auch die beiden jungen Männer aus dem Taxi gestiegen sind, haben sich alle anderen Bus- und PKW-Insassen, wohl an die fünfzig Menschen, bereits am Fahrbahnrand aufgereiht. Ihnen gegenüber acht, neun uniformierte Milizionäre, die Gewehrläufe auf ihre Köpfe gerichtet. Ein unbewaffneter Mann in Zivil, offenkundig der Kommandeur der Truppe, schreitet die Reihe der Geiseln ab und läßt sich von den Erwachsenen die Ausweise zeigen.

Eher lustlos und uninteressiert überprüft er die Papiere, nur den wenigen Frauen reißt er mit einer merkwürdigen Wut die Schleier vom Gesicht, ohne daß diese oder die sie begleitenden Männer zu protestieren wagten. Ein junges Mädchen läßt er von zwei Burschen seiner Miliz ohne weitere Erklärungen in den vorderen Landrover bringen.

Langsam arbeitet er sich zur Gruppe der Taxiinsassen durch. Die verschleierte Frau aus dem Sammeltaxi ergreift die Hände ihrer beiden Kinder. Plötzlich läuft sie mit ihnen los, geradewegs in die Dunkelheit vor ihr, in die nächtliche Wüste hinein. Einen Augenblick sind selbst die Milizionäre vor Überraschung wie gelähmt. Dann gibt der Anführer ein kurzes Kommando, eine erste Gewehrsalve folgt den Fliehenden. Ein Milizionär springt in den Landrover, wendet ihn und reißt mit dem Fernlicht die Schwärze jenseits der Straße auf. Die Frau und die Kinder sind im dunklen unwegsamen Gelände noch nicht weit gekommen. Eine zweite Salve folgt. Alle drei brechen unter den Gewehrkugeln zusammen.

In den ersten Sekunden des allgemeinen Durcheinanders hat Nadir Laid gepackt und hinter das Taxi, auf die der Aktion abgewandten Seite gezerrt. Während alle Blicke der fliehenden Frau und den Kindern folgen, verschwinden sie von der Straße in die Dunkelheit des unbeachteten Teils der Wüste. Hinter einer Bodenwelle werfen sie sich nieder und lauschen. Weitere Gewehrsalven folgen. Ob man unsere Flucht schon bemerkt hat? Sie bleiben in Deckung.

Farben, Töne, Explosionen, Schwärze, Stille, ich werde gesehen, gehört, vergessen, vaterlos, mutterlos, muttersprachenlos, werde nie Vater werden, nie Söhne haben, das Gesetz nicht weitergeben, das Wissen nicht.

Nach einer Weile zum Zerreißen gespannter Aufmerksamkeit eine erneute, diesmal nicht enden wollende Explosion von Schüssen, in die sich Schmerzens- und Todesschreie mischen. Lichtschreie, letzte Verwandlung. Erst als ich zu sterben glaube, lasse ich das Sonnenöl verschlossen und lege mich nackt in den Sand. Erst als ich zu sterben glaube, denke ich zum ersten Mal, daß ich meine Kleider immer aus Notwendigkeit, nie aus Vergnügen trug. Erst als ich zu sterben glaube, nehme ich den Ball der Kinder auf und werfe ihn zurück.

Ein lautes knirschendes Geräusch von Metall auf Stein. Abdul Malik eilt in unseren Hof und findet Ibrahims Wagen mit eingedrückter Kühlerhaube vor der Hauswand. Er öffnet die Fahrertür. Assia, inzwischen eine junge Frau, sitzt am Steuer, noch benommen vom Aufprall. Blut rinnt ihr aus der Nase, tropft auf ihren Mantel.

Abdul Malik will ihr aus dem Wagen helfen. Doch sie wehrt seine fürsorglichen Hände schroff ab und läuft ins Haus.

Der Onkel schüttelt verständnislos den Kopf. Dann entdeckt er mich. Er winkt mich heran: Meinst du, wir können den Wagen reparieren? Es wird Zeit, daß auch du endlich Fahren lernst.

Ich halte meine Kamera hoch: Ich habe sie genau im Augenblick des Aufpralls erwischt! Werde ihr das Bild einrahmen und ihr schenken, wenn sie mich mal wieder wie ihren kleinen minderwertigen Bruder behandelt. Ich hoffe, das Foto ist was geworden.

Komm mit. Ich habe eine Überraschung für dich! – Abdul Malik nimmt mich an die Hand. Ich entziehe sie ihm nicht, obwohl ich schon elf Jahre alt bin. Er führt mich zu einem Anbau des Hauses, der früher einmal als Stall für die Maultiere diente und jetzt als Geräte- und Vorratsschuppen genutzt wird. Ein Teil dieses Anbaus ist, ohne daß ich es bemerkt hätte, zu einer kleinen eigenständigen Kammer umgebaut worden. An der Tür ein Warnschild: UNBEFUGTEN IST DER ZUTRITT STRENGSTENS VERBOTEN!

Bitte tritt ein! fordert Abdul Malik mich auf. Die Warnung gilt ja nur für Unbefugte.

Ich öffne die kleine Sperrholztür zu dem neuen fensterlosen Verschlag und taste nach einem Lichtschalter. Eine rote Glühbirne flammt auf und erhellt die schlichte, aber vollständige Einrichtung einer Dunkelkammer.

Ich bedanke mich stumm, indem ich die Hand des Onkels drücke. Dann mache ich mich gleich an die Arbeit, bereite die Entwicklungsbäder vor, wie ich es bei Ali, unserem Drogisten, gelernt habe, nehme den Film aus meiner Leica und sehe zu, wie ein Bild nach dem anderen Konturen gewinnt: Abdul Malik und Zarouia heiter an einem reich gedeckten Tisch im Hof, ich in ihrer Mitte, die Mutter bei mir eingehakt, der rechte Arm des Onkels freundschaftlich um meine Schulter gelegt, ich selber ernst, mit starrem Blick in die Kamera, während der Selbstauslöser den Spiegel für eine hundertstel Sekunde hochklappt.

Das Haus der Erinnerung, aus Erde und Lehm, Unterkunft von Heiligen, Asketen. Habsüchtig nach Gottgefälligkeit sitzen sie in ihren Stuben, nicht kalk-, sondern öl- und lederfarben. Hart und streng stellen sie ihren Glauben zur Schau. Ihren Glauben an Härte und Strenge. Nirgendwo in Timimoun gibt es einen weichen Schatten.

Abdul Malik, Zarouia und ich am Abendbrottisch, Assia am Herd. Sie füllt einen Becher mit Brühe und will damit die Küche verlassen.

Willst du nicht gemeinsam mit uns zu Abend essen? fragt der Onkel sie.

Assia gießt die Brühe zurück in den Topf, stellt den Becher in das Spülbecken und murmelt, ohne jemanden anzublicken: Danke, ich habe keinen Hunger. Ich gehe zu Bett.

Bleib, Tochter! bittet Zarouia sie. Wir haben mit dir zu reden.

Mit haßerfülltem Blick auf die Mutter bleibt Assia an der Tür stehen.

Setz dich! fordert Zarouia sie auf. Und schau mich nicht an, als wollte ich dich schlachten.

Assia setzt sich auf einen Stuhl nahe der Tür.

Abdul Malik und ich finden, beginnt Zarouia, es wäre für dich und für uns alle gut, wenn du dich bald verheiraten würdest. Wir haben an deinen Cousin Kaici, den Sohn von Sayad, gedacht.

Ihr habt nicht das Recht, mich zu verheiraten, solange Vater fort ist. Wartet, bis er zurückkommt!

Dein Vater ist nun schon so viele Jahre fort, er wird vielleicht niemals zurückkommen. Willst du als alte Jungfer enden?

Ich werde schon dafür sorgen, daß ich nicht als Jungfer ende. Du hast dich in der Zwischenzeit ja auch gut zu trösten gewußt!

Ich verbiete dir, mischt sich Abdul Malik mit eher versöhnlicher Stimme ein, so mit deiner Mutter zu reden, Assia!

Du hast mir gar nichts zu verbieten! Du bist nicht mein Vater. Und sie ist nicht mehr die Frau meines Vaters. Ihr wollt mich nur aus dem Haus haben, damit niemand Zeuge ist, wie ihr Ibrahim al-Asis hintergeht. Doch wartet nur, bis er zurückkehrt und dich aus seinem Haus und seinem Bett prügelt!

Zarouia springt auf: Assia, bist du verrückt geworden? Abdul Malik hat mehr für uns getan, als wir von einem Cousin deines Vaters erwarten durften. Und so dankst du ihm seine Selbstlosigkeit!

Seine Selbstlosigkeit? Du wirst ihn schon anständig entlohnt haben!

Hinaus mit dir, du Schamlose! Wenn du uns so sehr haßt, solltest du froh sein, in ein eigenes Haus ziehen zu dürfen.

Dies Haus ist auch mein Haus! Und ich verlasse es nicht, es sei denn, mein Vater gebietet es mir! – Assia steht auf und öffnet die Tür. Erschrocken prallt sie zurück. Ein fremder Mann steht im Türrahmen, seinerseits die Hand erhoben, um anzuklopfen oder die Tür aufzustoßen.

Hätte ich doch meine Kamera zur Hand! Doch Zarouia hat mir verboten, sie im Haus mit mir herumzutragen. Zumindest in ihren eigenen vier Wänden wolle sie vor diesem Medusenauge sicher sein!

Sein müdes Gesicht blickt überrascht, dann tritt er forsch in die Küche. Hinter ihm erscheint eine unbekannte Frau, dann zwei kleine Kinder, die sich an die Frau klammern. Ängstlich bleiben sie an der Türschwelle stehen.

Der Mann, mit gespielter Heiterkeit: Wollt ihr den siegreichen Heimkehrer nicht begrüßen?

Nach einem quälenden Augenblick der Stille stürzt Assia zu diesem fremden Mann und fällt ihm um den Hals: Mein Vater! Endlich bist du zurück!

Bist du es wirklich, Assia, meine kleine Kriegerin? Laß dich anschauen! Groß bist du geworden!

Zarouia: Wer ist diese Frau, Ibrahim?

Ibrahim: Und du, Zarouia, hast dich offenbar gar nicht verändert. Mit welcher Freude und Anmut du deinen heimgekehrten Gatten begrüßt! Ich bin gerührt. Und du, Cousin? Fehlen dir gar die Worte vor lauter Wiedersehensfreude?

Zarouia: Wer ist diese Frau, Mann?

Ibrahim: Es scheint, als hätte ich die Truppe gar nicht verlassen, sondern nur den Befehlshaber gewechselt. Wohlan, dieser kostbare Schatz, Frau Kommandantin, ist meine Kriegsbeute. – Tritt vor ins Licht, Hafsa, damit meine Frau dich begutachten kann!

Hafsa: Ich fürchte mich, Liebster. Ich ahne Unheil. Laß uns gehen, bevor es zu spät ist.

Ibrahim: Wir sind hungrig, Zarouia. Wir waren den ganzen Tag unterwegs. Laß uns erst einmal essen und wieder zu Kräften kommen.

Zarouia: Und wer sind die Kinder, Ibrahim?

Ibrahim: Was sind das für Sitten? Willst du mich verhören? Es sind meine Kinder, und damit Schluß! – Er wendet sich der fremden Frau und den Kindern zu: Setzt euch! Und du, Assia, bring uns schon mal Tee. Die Kinder sind ja fast verdurstet.

Zarouia: Sie setzen sich nicht an meinen Tisch!

Ibrahim: Noch ist es mein Tisch, Frau! Oder gibt es hier inzwischen Veränderungen, von denen ich noch nichts weiß? – Rede, Abdul Malik. Dir habe ich meine Familie und meinen Besitz anvertraut.

Abdul Malik: Es ist alles in bester Ordnung, Vetter. Wir sind nur alle ein wenig überrascht von deiner plötzlichen Rückkehr. Assia, bring den Tee.

Assia: Du hast mich im Hause meines Vaters nicht länger herumzukommandieren, Mann!

Zarouia: Seid ihr alle verrückt geworden? Bin ich hier in einem Irrenhaus? Nichts ist in Ordnung! Du, Ibrahim, platzt nach Jahren ohne ein Wort, ein Lebenszeichen, in meine Küche, mit einer fremden Frau und ihren Bastarden im Gepäck, und beanspruchst, als seiest du nur für einen Tag auf dem Feld gewesen, deinen Platz am Familientisch! Und du, undankbare Tochter, beschimpfst deinen Onkel, der in diesen Jahren dir uneigennützig ein Vater zu sein versuchte –

Assia: Mir ein Vater und dir ein Gatte, ja!

Zarouia: Was redest du! Geh hinaus, du bist ja krank!

Ibrahim: Bleib, Assia! – Was hat das zu bedeuten, Vetter?

Abdul Malik: Das hat gar nichts zu bedeuten, Ibrahim. Es bedeutet nur, daß deine Tochter dich vermißt hat und ich ihr kein guter Ersatz war.

Assia zieht meine Familienfotos aus der Lade des Küchenschranks, nicht jene Schnappschüsse des unerwarteten Blickwechsels, sondern jene Stilleben inszenierter Familienidylle, die allein Zarouia der Aufbewahrung würdig fand.

Es bedeutet dies und dies und dies! ruft Assia triumphierend, während sie Bild für Bild auf den Abendbrottisch knallt.

Ibrahim wirft nur einen flüchtigen Blick auf die Fotos. Mehr Aufmerksamkeit sind sie auch nicht wert. Dennoch röten seine Augen sich vor Zorn.

Die fremde Frau ergreift seinen Arm: Laß uns gehen, Mann. Ich ahne Schlimmes. Laß uns auf der Stelle gehen, bevor es zu spät ist!

Du treuloser Hund! brüllt Ibrahim seinen Cousin an. So hältst du dein Versprechen! Raubst mir mein Haus, mein Weib, meine Kinder, raubst mir meine Ehre gar! – Er zieht seine Armeepistole und richtet den Lauf auf Abdul Malik.

Bist du wahnsinnig, Mann! – Zarouia stürzt sich auf Ibrahim und fällt ihm in den Arm.

Verschwinde, Hure! Wir rechnen später miteinander ab. – Er schlägt der Mutter ins Gesicht, doch Zarouia läßt seine Hand mit der geladenen Waffe nicht los.

Sei vernünftig, Ibrahim, versucht Abdul Malik den Vetter zu beschwichtigen. Ich schwöre bei Gott –

Ein Schuß fällt. Die fremde Frau schreit auf, die Kinder weinen. Erschrocken blickt Ibrahim auf den roten Fleck, der sich rasch auf Hafsas Kleid ausbreitet.

Zarouia entwindet ihrem Mann die Pistole und richtet die Mündung auf ihn: Du verläßt jetzt mein Haus, Mann, du und deine Kriegsbeute. Treibe dich weiter herum. Tauche meinetwegen wieder unter. Doch über diese Schwelle tritt nicht mehr!

Gib mir meine Pistole, du Hexe, und hüte deine Zunge! – Ibrahim geht auf meine Mutter zu. Zarouia drückt ab, die Kugel schlägt in den Lehmboden vor Ibrahims Stiefeln.

Was tust du, Zarouia! ruft mein Onkel. Gib ihm die Waffe! Er ist dein Mann!

Er war nie mein Mann, entgegnet Zarouia. Geh, sag ich. Geh auf der Stelle, ehe ein Unglück passiert!

Mein Vater macht einen Schritt auf sie zu: Du jagst mich aus meinem eigenen Haus? Du richtest die Waffe auf deinen eigenen Mann? Ich werde dir die Hände abhacken, die diese Waffe halten, und dir die Zunge herausschneiden, die solche Worte spricht.

Er hebt die Hand, um sie ein weiteres Mal zu schlagen. Zarouia drückt ab. Diesmal trifft die Kugel Ibrahim in die Brust. Er blickt erstaunt, macht aber noch einen Schritt. Zarouia schießt ein drittes Mal.

Neben mir liegt Nadir, die Augen geschlossen. Von ferne Stimmengewirr, Motorenlärm und das Schlagen von Autotüren. Ich spähe über die Bodenwelle zum grauen Asphaltband. Die in der Nacht zum Anhalten gezwungenen Wagen stehen noch dort, doch die Landrover sind verschwunden. Statt dessen blockieren mehrere Polizeifahrzeuge und Krankenwagen die Straße. Uniformierte laufen herum, fotografieren, suchen die Straße ab, rollen Meßbänder aus und malen Kreidezeichen auf den Asphalt. Vor und zwischen den leeren Wagen regungslose Körper, zum größten Teil mit weißen Laken oder Planen bedeckt.

Behutsam stoße ich Nadir an. Er öffnet die Augen, will sich aufrichten. Ich halte ihn am Boden fest: Die Polizei ist da!

Vorsichtig lugt Nadir über den Kamm der kleinen Erhebung: Wir sollten uns stellen, ehe sie uns finden!

Warte! Siehst du den Typen neben unserem Taxi? – Laid zeigt ihm den Mann, der genau an der Stelle steht, wo sie sich in der Nacht aufzureihen hatten. Er sieht dem Anführer des Überfallkommandos ähnlich, findest du nicht auch?

Mit dem einzigen Unterschied, daß er nicht mehr in Zivil ist, sondern die Uniform eines Polizeioffiziers trägt, antwortet Nadir mit ausdrucksloser Stimme.

Der Offizier blickt nachdenklich auf die Reihe der Opfer vor seinen Füßen. Dann hebt er plötzlich die Augen und schaut direkt in ihre Richtung. Sie gehen sofort in Deckung. Hoffen, daß er sie nicht bemerkt hat. Regungslos bleiben sie auf dem scharfkantigen Schotter liegen, die weit aufgerissenen Augen in den Dreck gedrückt.

Etwas sticht mich in den rechten Fußknöchel, ein Aufruhr von Lichtreflexen und -brechungen, sie stürzt, zerbricht, die Sonne, ein zerstörtes Räderwerk, Boden aus Glas. Nadir preßt mir seine Hand auf den Mund. Dann saugt er den Stachel und die Giftdrüse aus dem Fuß. Zunächst scheint alles in Ordnung. Doch dann schwillt der Knöchel an. Der wilde Aufruhr im Fußgelenk pocht bis ins Rückenmark hinauf. Ein wenig Gift nur aus dem Arsenal chemischer Waffen, mit dem Wolfsspinnen, Taranteln oder Skorpione ihre Gegner paralysieren.

Die Einsatzkräfte sind endlich abgezogen und die Straßensperren fortgeräumt. Sie verlassen ihr unkomfortables Versteck. Mit steifen Schritten und schmerzverzerrtem Gesicht humpelt Laid hinter Nadir her zur Straße. Nur die schwarzbraunen Flecken und die Kreidezeichen auf dem grauen Asphalt und drei Fähnchen weiter im Gelände, wo die verschleierte Frau mit den zwei kleinen Jungen niederstürzte, zeugen noch von dem nächtlichen Massaker.

Die Straße scheint wieder für den Verkehr freigegeben zu sein, doch ist auf dem ganzen schnurgeraden Asphaltband bis zum Horizont kein einziges Fahrzeug zu sehen. – An diesem Ort wollen sie nicht auf eine Mitfahrgelegenheit warten. Sie schleppen sich bis zu einer Abzweigung, an der eine den Radspuren nach vielbefahrene Piste aus der Wüste in die Straße einmündet. Hier lassen sie sich nieder.

Nadir zündet sich eine Zigarette an. Auf dem ganzen Weg haben sie kein Wort miteinander gewechselt.

Vielleicht ist er meiner Gesellschaft müde. Ohnehin ist es eigentlich meine Reise. Er begleitet mich als Gefährte, ohne eigenes Ziel. Zum Zeitvertreib. Der ihm nun fast das Leben gekostet hätte. Nadir reicht Laid den Stummel seiner Zigarette und läßt ihm den letzten Zug.

Endlich kündigt eine Staubwolke einen sich nähernden Wagen an. Nadir steht auf und stellt sich in die Mitte der Piste, als befürchte er, der Wagen könne, ohne anzuhalten und sie mitzunehmen, auf die Straße einbiegen und davonbrausen. Es ist ein kleiner Pritschenwagen mit einem Dutzend dicht zusammengepferchter Schafe auf der Ladefläche. Und auch das kleine Fahrerhäuschen ist mit drei erwachsenen Männern, das muß selbst Nadir zugeben, gedrängt voll. Trotzdem weicht er nicht von der Piste.

Der Wagen hält. Die drei Männer tragen die weißen Kappen und die weiten Pluderhosen der Mozabiten. – Der Mann am Lenkrad weist auf die beiden Mitfahrer und schüttelt bedauernd den Kopf. Trotzdem geht Nadir zu ihm.

Der Fahrer dreht das Fenster herunter: Tut mir leid. Der Wagen ist voll.

Wir finden sicher noch auf der Ladefläche Platz.

Wir fahren nach Gouerara. Das wird kaum auf eurem Weg liegen.

Alles, was uns aus dieser gottverlassenen Gegend fortführt, liegt auf unserem Weg.

Der Fahrer zuckt mit den Achseln: Dann seht zu, daß

die Schafe euch zwei Plätze abtreten. Doch macht die Tiere nicht nervös. Sind bereits ein wenig unruhig, als ahnten sie, was ihnen bevorsteht. – Er reicht ihnen eine Wasserflasche.

Nadir nimmt sie entgegen: Du wirst sehen, wir werden uns schon gut in die Herde einfügen und am Ende der Fahrt die besten Freunde sein.

Gut. – Der Fahrer wartet, bis sie über das Schutzgatter geklettert sind, und biegt dann auf die Asphaltstraße ein. Sie setzen sich müde zwischen die Tiere, mit den Rücken ans Fahrerhaus gelehnt. Wenige Augenblicke später sind sie schon eingeschlafen.

Wir schrecken auf. Der Wagen verlangsamt seine Fahrt, hält. Wir sitzen still zwischen den ängstlichen Schafen, während wir die schweren Schritte eines Uniformierten hören. Wir sehen das schwarzglänzende Plastik seiner Schutzweste und den silbernen Lauf seiner vorgehaltenen Maschinenpistole durch die Schafswolle aufblitzen, während er um den Transporter herumgeht. Es scheint, als spürten die Schafe die Gefahr. Jedenfalls drängen sie sich noch dichter um uns. – Der Fahrer hält es offenbar nicht für nötig, auf unsere Anwesenheit hinzuweisen. Zu Recht stehen die Mozabiten im Ruf größter Zurückhaltung und Wortkargheit. – Der Soldat winkt den Transporter durch.

Gouerara. Zur Straße hin meist fensterlose weiß, hellblau, braun oder gelb gestrichene Häuser, pyramidenförmig auf einem felsigen Hügel errichtet. Im Mittelpunkt das Minarett der Moschee, das sich zur Spitze hin verjüngt und die Pyramidengestalt der Stadt wiederholt.

Der Wagen hält an einem von schattigen Arkadengängen umgebenen Marktplatz. Sie klettern von der Pritsche, klopfen sich den Staub von den Kleidern und bedanken sich beim Fahrer.

Der Fahrer winkt einen jungen Fleischverkäufer heran: Das ist Dschaber. Er kennt sich hier aus. – Dann wendet er den Transporter und läßt sie auf dem Marktplatz mit dem fremden Metzgergesellen allein.

Der junge Mann weiß nichts Rechtes mit ihnen anzufangen. Verlegen steht er da und sucht nach Worten: Zu Besuch?

Auf der Durchreise.

Kennt ihr jemanden hier?

Den Fahrer und dich.

Salam ist nicht von hier. Er lebt in Beni Isguen.

Du verkaufst das Fleisch seiner Tiere?

Er transportiert sie nur. – Schon scheinen sich Dschabers Worte erschöpft zu haben. Ich mag ihn. Alle Unsicherheiten sind in seinem Gesicht ablesbar.

Was habt ihr jetzt vor?

Uns eine Unterkunft suchen und ausschlafen, antwortet Nadir leichthin.

Es gibt kein Hotel in Gouerara. – Sichtlich verlegen starrt er in die herbergslosen Gassen seines Heimatortes.

Ihr mögt keine Fremden in der Stadt?

Die Leute bleiben lieber unter sich.

Auch die jungen Leute?

Wenn sie können, gehen sie fort, in die Hauptstadt oder wenigstens nach Ghardaia. – Unter seiner blutigen Schlachterschürze trägt Dschaber die weite Pluderhose der Mozabiten. Doch unter seiner weißen Kappe quillt sein Haar provozierend lang und gelglänzend hervor, und auf seiner Nase sitzt eine verspiegelte Sonnenbrille.

Ein Streifenwagen fährt im Schrittempo über den Platz. Unruhig verfolgen Nadir und Laid die Fahrt, ohne zu auffällig auf die uniformierten Insassen zu starren. Dschaber aber bleibt ihr Blick und ihre Unruhe nicht verborgen.

Wie heißt ihr?

Ich heiße Nadir. Und das ist Laid.

Dschaber Abu-Qasim. Hier habt ihr nichts zu befürchten. Ihr stammt aus der Kabylei?

Meine Familie lebt in Timimoun.

In Timimoun? Du bist doch nicht etwa Laid al-Asis, der Sohn Ibrahims?

Wie kommst du darauf?

Die Leute erwarten schon lange, daß du endlich zurückkehrst.

Selbst hier weiß man von der Geschichte?

Im ganzen Süden redet man davon. Immerhin führte dein Vater die südlichen Verbände und gilt als ein Held. Alle, zumindest die Älteren, sind überzeugt, daß irgendwann sein Sohn zurückkommt und seine Pflicht erfüllt.

Und die Jüngeren?

Ich weiß nicht. Haben wir irgendeine Wahl? – Ich glaube, ihr braucht erst mal ein Bad.

Es ist nur Straßenstaub.

Und der Angstschweiß einer ganzen Schafsherde. – Habt ihr kein Gepäck?

Ist auf der Strecke geblieben.

Manchmal läßt der Hammami Fremde in seinem Bad übernachten. Hat zumindest Platz genug.

Kannst du deinen Stand verlassen?

Es ist fast Abend. Der Markt ist ohnehin bald zu Ende. Wartet, bis ich den Stand geschlossen habe. Ich bringe euch dann hin. Kann selber ein Bad gebrauchen. Es liegt ein wenig außerhalb, jenseits der Gärten, wo es von heißen Quellen gespeist wird. Eine gute halbe Stunde zu Fuß. Ihr wartet doch?

Was sollen wir sonst tun?

Sie setzen sich unter die Arkaden und schauen dem Markttreiben zu. Nicht nur die Besonderheiten kennzeichnen eine Stadt, auch ihre Mängel charakterisieren sie: Hier ist es die vollkommene Abwesenheit von Müßiggängern und Flaneuren. Selbst Nadir fällt dieser Umstand auf: Jeder, der Arbeit für den Sinn des Lebens hält, sollte sich zumindest schämen. In der Korsarenzeit war Arbeit noch ein Sklavendienst!

Bei den Tuareg ist sie es bis heute!

Nadir zündet sich eine Zigarette an: Freie Menschen begnügen sich mit einem beschaulichen Dasein!

Das könnte auch Lumière gesagt haben.

Lumière? Ist das wirklich erst drei Nächte her?

Unter einem unendlich weiten, sternklaren, aber mondlosen Himmel marschieren sie durch die stillen, menschenleeren Oasengärten, bis sie an das Badehaus gelangen, ein schlichter, heruntergekommener Neubau. An den Wänden, an denen die Farbe noch nicht abgeblättert ist, erkennen sie naive Alltagsszenen aus dem Wüsten- und Oasenleben: Menschen bei der Arbeit. Hier begegnen sich sozialistische Werte und Mozabitenmoral in schönster Harmonie.

Die Innenräume sind nüchtern und karg. Geheimnisvoll in dieser asketischen Schäbigkeit ist allein das Licht. Die wenigen funktionierenden Deckenleuchten tauchen das von Dampfschwaden durchzogene Bad in einen gelbgrünen unwirklichen Nebel, als beträten sie einen Traum.

Sie ziehen sich in einem kalten, unmöblierten Vorraum aus und nehmen ihre Kleidung mit ans Becken. Nach einem tastenden Hineintauchen der Zehenspitzen springen sie in das dampfende Wasser. Es ist zu heiß, um darin wirklich zu schwimmen, obwohl das Becken groß genug wäre. Die Hitze zieht jede Willenskraft aus ihren Körpern. Und außerhalb des Beckens ist es zu kalt, um sich dort nackt aufzuhalten. Ungehindert dringt der Winterfrost der nächtlichen Wüste in das ungeheizte Gebäude.

Während Dschaber und Nadir sich kindische Abenteuer ausdenken und ausgelassen durchs Wasser toben, läßt Laid sich willenlos auf der schwitzenden Oberfläche treiben und starrt in das halluzinatorische Licht.

Ein Geröllfeld, schlichte Steinbrocken, Grabmale, und zwei, drei weißgetünchte Lehmmausoleen wie hockende Mumien, und überall auf dem Gräberfeld verstreut graublaue Vasen oder Amphoren, aus denen ein phosphoreszierendes Licht ausströmt wie ein zähes grüngelbes Gas.

Nadir und ich stehen vor einem Grabhügel. Er ist mit Abfällen übersät. Ich lege meine Kamera ab und beginne, das Grab zu säubern.

Nadir setzt sich auf ein benachbartes Grab und schaut mir bei der Arbeit zu: Woher weißt du, daß es das Grab deines Vaters ist?

Ich habe keine Ahnung, ob es das Grab meines Vaters ist. Auf jeden Fall ist es das vernachlässigste Grab auf diesem Friedhof.

Ich verstehe. Wer immer hier begraben liegt, scheint von seinen Angehörigen nicht gerade mit Liebe überschüttet worden zu sein.

Du hast es erfaßt! antworte ich, während ich weiter an dem Ding zerre, das wie ein zersplitterter Knochen aus dem Geröll ragt und sich nun als alte verrostete Singer-Nähmaschine herausstellt.

Psst, Laid, es kommt jemand! – Nun höre auch ich das Geräusch knirschender Schritte. Wir verstecken uns hinter einem der weißgetünchten Marabugräber. Eine tiefverschleierte Frau in einfachen schwarzen Gewändern taucht auf. Sie kniet am mutmaßlichen Grab meines Vaters nieder und beginnt zu klagen. Es ist die Stimme Zarouias:

Heute nacht hatte ich schon wieder diesen Traum: Ich gebäre statt eines Kindes eine Schlange. Trotz ihres häßlichen Aussehens hülle ich sie in Windeln und lege sie mir an die Brust. Aber, o weh, statt Milch saugt sie mir Blut aus den Brüsten. Ich schreie im Schlaf und wecke das ganze Haus auf. Was soll ich nur tun, Ibrahim? Ich wollte, ich könnte dich mit diesem Blut wieder ins Leben zurückrufen. Doch bedeutet der Traum sicher etwas anderes. Er macht mir Angst, nicht weil ich den Schmerz in meiner Brust fürchte. Er macht mir Angst, weil ich an meiner Brust etwas Schlimmeres genährt habe als ein Wesen, das mir Schmerzen bereiten könnte.

Du weißt, ich habe dich nie geliebt. Dazu gab es auch wenig Grund, hat mein Vater mich doch gegen meinen Willen mit dir verheiratet. Und wie hätte Liebe zu jemandem wachsen können, der sein Kriegshandwerk mehr liebte als seine eigenen Kinder. Verspielst deine Tochter an einen Kameraden und bringst sie mir als Leichnam zurück! Was dir von meiner Hand geschah, war wohl ein Geringes verglichen mit dem, was Laila von deinen vertierten Kameraden erdulden mußte. Dennoch habe ich deinen Tod nicht gewollt. Und selbst im Tod machst du mir das Leben zur Hölle. Die Menschen hassen mich für das, was du mich zu tun zwangst. Sie sagen es nicht, aber sie machen mich allein für deinen Tod verantwortlich. Zumindest die Frauen sollten es besser wissen! Falls dich der Tod klüger gemacht hat, weißt du, daß ich dir trotz allen Hasses immer treu war. Ich gab dir mehr, als ich dir schuldete! Warum also suchst du mich immer noch heim, mich und meiner Kinder Schlaf?

Träumst du? – Nadir spritzt ihm Wasser ins Gesicht. Laid nimmt die Herausforderung an, und schon tobt eine wilde Wasserschlacht im nächtlichen Bad. – Was den Timimounern fehlt, ist ein großer Fluß. Im Wasser fühlen sie sich unbehaglich, ja hilflos. Immer suchen meine Landsleute den festen Grund, immer versuchen sie, aufrecht stehen zu bleiben und schlucken damit viel Wasser, anstatt sich flach auf die Oberfläche zu legen und sich tragen zu lassen. Wenn irgend möglich, vermeiden sie es zu schwimmen. Eine Stadt der Lehrmeister, ohne einen einzigen Schüler.

Sie mögen keine Kinder. Doch sie lieben Hunde und rohes Fleisch. Alles ist nackt, roh, unvermittelt und verlangt nach Roheit. Unsere Tragödien lassen sich in zwei, drei Sätzen wiedergeben: Deine Ehre ist verletzt? Dann räche dich und töte den Mörder deiner Ehre, und sei es deine eigene Mutter! – Ein Fluß brächte keine Weisheit, aber Bewegung.

Der Hammami hockt vor einem kleinen Holzkohleofen und brüht Tee auf. Aus einem Holzverschlag, in dem der Hammami offenbar haust, dringt Licht zu ihrem Lager unter freiem Himmel. Hier liegen sie, drei erschöpfte junge Männer, in Decken und Tücher eingehüllt, auf einem Teppich aus Palmwedeln. Mit großer, weitausholender Geste gießt der Hammami den Tee in die Gläser und reicht sie seinen Gästen: Hier draußen ist es auch nicht kälter als drinnen. Ihr könnt hier übernachten, wenn ihr wollt.

Danke, antworte Laid, wir haben schon unbequemere Nachtlager erlebt.

Hier ist es zumindest sicherer als irgendwo unter freiem Himmel.

Morgen zeige ich euch dann unsere Palmengärten, sagt Dschaber.

Inscha'alla.

Mein Bruder, wendet der Hammami ein, fährt morgen früh nach Beni Isguen. Vielleicht solltet ihr mit ihm fahren. Von dort sind es dann nur noch zwei Etappen bis Timimoun.

Wird man uns an den Kontrollpunkten nicht festhalten? Ich habe keinen Ausweis dabei.

Auch er hat kein Interesse daran, sich ständig ausweisen zu müssen. Er wird nicht den üblichen Weg nehmen.

Laid starrt gedankenverloren in den Rauch, der aus dem Teekessel auf dem Holzkohleöfchen in den Nachthimmel steigt. Nadir schläft bereits.

Dann wird es wohl nichts mit unserem Spaziergang unter Palmen, sagt Dschaber.

Laid schüttelt bedauernd den Kopf.

Woher weißt du, daß es das Grab deines Vaters ist?

Ich habe keine Ahnung, ob es das Grab meines Vaters ist. Auf jeden Fall ist es das vernachlässigste Grab auf dem Friedhof.

Und du meinst, egal, wer hier begraben liegt, allein auf Grund der schreienden Vernachlässigung hat es bereits deine besondere Zuwendung verdient?

Ich antworte mit einem gleichgültigen Achselzucken, lege den Fotoapparat ab und beginne, das Grab zu säubern. Nadir beteiligt sich, indem er hier und da eine alte Blechdose von Ibrahims Grab auf ein anderes kickt. Plötzlich hält er inne: Psst, Laid, es kommt jemand!

Eine junge Frau in schmutzigen, zerrissenen Gewändern betritt das Gräberfeld. Wir verbergen uns hinter einem Marabumausoleum.

Am Grab Ibrahims bleibt sie stehen. Ihr Gesicht ist unverschleiert, das mondhaft teigige Gesicht der Timimouner Frauen. Assias Gesicht. An das Grab gewandt schimpft sie:

Was hat sie hier gewollt, diese Rattenschwänzige! Erneut ihren Unrat auf deinem Grab abladen, Vater? – Was ist das? Bin ich nun wirklich wahnsinnig?

Sie entdeckt meine alte Kamera, die ich am Rand des Grabes liegengelassen habe.

Laid! Bist du zurückgekehrt? Bist du hier am Grab des Vaters gewesen? Bist du endlich gekommen, seinen Tod zu rächen und mich von diesen bösen Geistern zu befreien, damit ich endlich wieder atmen, endlich wieder leben kann? Laid! Sei stark! Was sage ich? Du bist inzwischen ein Mann geworden. Du bist stark! Du bist zurückgekehrt! Doch laß dich von ihren Entschuldigungen nicht erweichen. Die Rättin ist eine gute Schauspielerin. Ja, weiß Gott, das ist sie! Aber sie hat kein Mitleid gekannt. Vergiß nicht, sie und ihr Liebhaber haben sich zum Mord an unserem Vater verschworen. Seine Rückkehr kam nicht überraschend. Er hat ihr geschrieben, damit sie alles

Nötige zu seiner Ankunft vorbereiten kann. Und dieses Nötige hast du ja erlebt. Waren wir nicht Zeugen, wie unser Vater das Haus betrat und in seinem eigenen Haus von seiner eigenen Frau niedergemetzelt wurde?

Ja, die Fremde, die er mitgebracht hat, die an der Tür stehen blieb und sich weigerte einzutreten, weil sie das Blut vorausahnte, ich weiß, was du einwerfen willst, ich habe sie nicht vergessen, aber auch sie, die einmal unsere Mutter war, hat sie gesehen und ließ sich von ihrem Anblick nicht erweichen und hat ihr und ihren Kindern, ja, unverkennbar Kinder unseres Vaters, einen purpurnen Teppich ausgerollt, damit ihre Ahnung sich bewahrheite. Und ihm selber, um ihn vom Staub der Reise zu reinigen, wirft sie ein rotes Badetuch über die Brust. Er fällt vor unseren Augen, erinnerst du dich nicht? Zertrümmert sich den Kopf auf der Schwelle seines eigenen Hauses. Es macht ihr nichts, daß sein Blut auf ihr weißes Festtagskleid und in ihr gepudertes Gesicht spritzt. Sie wischt es sich mit den Haaren ab. Und so blutverschmiert wie eine Besessene geht sie hinaus auf die Straße und beteuert ihre Unschuld. Doch glaub ihr nicht! Wir waren Zeugen!

Was weiter geschah, hast du nicht mehr mit eigenen Augen gesehen. Aber du weißt davon, Laid, weil ich es dir berichtet habe und immer wieder berichten werde. Sie haben den Leichnam unseres Vaters aus dem Haus geworfen und hastig unter Schutt und Staub begraben. Mir und den Freunden des Vaters haben sie verboten, am Begräbnis teilzunehmen.

Und von nun an spielt Abdul Malik, die Memme, nicht nur den Gatten, sondern auch den Hausherrn, schläft in Vaters Bett, sitzt auf seinem Stuhl, trägt seine Kleider, fährt seinen Wagen, verschwendet sein Vermögen. In Wirklichkeit aber ist er nur ein Sklave dieser Frau, die einmal unsere Mutter war.

Nur wenn er betrunken ist, zeigt er sich mutig, schlägt sie und mich und kommt hierher auf den Friedhof und tanzt auf seines Vetters Grab und hinterläßt seinen Kot und seine Abfälle darauf. Könntest du ihn nur hören, Laid, wie er grölt: Komm doch, Laid, komm und räche deinen Vater und hole dir dein Erbe zurück! – Glaub mir, das ist die Wahrheit. Ich habe es mit meinen eigenen Augen gesehen. Immer und immer wieder. Und diese Narben hier zeugen von seiner feigen Brutalität.

In ihrer fast rauschhaften Wut entblößt Assia ihre Brust, um mir, ihrem Bruder, ihre Narben zu zeigen. Wie kann sie wissen, daß wir sie sehen? Nadir und ich bleiben in unserem Versteck.

Wenn du nicht bald kommst und mich aus diesem Schlachthaus befreist, Laid, wird das Schlimmste passieren. Dieser Mann haßt dich. Alles würde er dafür geben, dich tot zu sehen. Und solange er lebt, wirst du vor einem feigen Anschlag aus dem Hinterhalt nicht sicher sein. Und dieser Mann haßt mich, auch wenn er die junge Frau in mir umschmeichelt. Nur Zarouias Anwesenheit hält ihn davon ab, mir noch schlimmere Gewalt anzutun. Aber es ist nicht Zarouias Fürsorge, sondern allein ihre Eifersucht, die ihn zwingt, seine Hände von mir zu lassen. Wie lange noch, mein Bruder, werde ich dieses unerträgliche Leben aushalten müssen! Jeden Tag brennen sich der Hass und der Abscheu tiefer in mein Fleisch, und meine Jugend und meine Weiblichkeit sind schon ganz mit grauem Schorf und Staub bedeckt. Oh, Laid, komm und hilf mir, hilf mir bald!

BENI ISGUEN

Der Bruder unseres Hammamis heißt Slimane. Er sitzt am Steuer seines alten klapprigen Peugeots, ich sitze neben ihm, und Nadir liegt schlafend auf der Rückbank. Die Sonne steht noch dickbäuchig und fett am Horizont wie ein riesiger glühender Laib Brot.

Mach dir keine Sorgen, Junge. Er hat auch keine Papiere, sagt Slimane lächelnd. Ich hätte ohnehin die Piste nehmen müssen.

Ich kann immer noch nicht glauben, daß du nicht ein Alkohol- oder Waffenschmuggler bist! antworte ich zweifelnd. Ich spüre eine Übelkeit im Bauch, als habe Slimane gerade einen Hund überfahren.

Du kannst dich ja bei der nächsten Rast vom Inhalt der Kiste überzeugen.

Ich sehe die große schwere Holzkiste auf unserem Dachgepäckträger hüpfen. Die Sonne wirft einen langen, scharfumrissenen Schatten unseres Gefährts auf meine Seite der Piste.

Warum will er in Ghardaia begraben werden? frage ich Slimane.

Keine Ahnung, ob er in Ghardaia begraben werden will. Niemand hat ihn gefragt. Die Sache ist vielmehr so, daß man ihn in Gouerara nicht haben will. Er ist kein Mozabit. Und du weißt, Fremde dürfen in Gouerara nicht einmal die Nacht verbringen, geschweige denn die Ewigkeit bis zum Jüngsten Gericht.

Je weiter wir nach Süden vordringen, um so größer wird die Hitze, die Bewegungsunlust, die Schweigsamkeit. Aber es wachsen auch die Gastfreundschaft, der Kinderreichtum, der Hexenglaube, die Despotie.

Wird der Wagen es bis Ghardaia schaffen?

Das will ich doch hoffen. Er ist diese Strecke schon unzählige Male gefahren. Früher, als es die Asphaltstraße noch nicht gab, war diese Piste die einzige Verbindung zwischen Gouerara und Ghardaia.

Es ist eine eintönige Wüste, durch die wir holpern. Kein Schwarz und kein Weiß, kein Auf und Ab, eine endlose graue Schuttebene.

Mit einem dumpfen berstenden Knall kracht die Holzkiste auf den steinigen Boden. Nadir schreckt aus dem Schlaf auf. Slimane bremst, setzt zurück.

Wir steigen aus und begutachten den Schaden. An der Aufprallkante ist das Holz gesplittert, ansonsten scheint die Kiste den Sturz wohlbehalten überstanden zu haben.

Gemeinsam hieven wir den Sarg zurück auf den Dachgepäckträger. Slimane und ich schieben von unten, Nadir ist auf den Wagen geklettert und nimmt ihn entgegen. Dann beginnen Nadir und unser Fahrer, den Kasten erneut zu vertäuen.

Wartet mal einen Augenblick! unterbreche ich ihre Arbeit. Habt ihr das gehört?

Wir lauschen. Da ist es wieder, ein leises Kratzen oder

Scharren, das aus dem Holzkasten zu dringen scheint. Nun haben auch sie es gehört.

Das hat nichts zu bedeuten, sagt Slimane. Die zunehmende Hitze verzieht das Holz. Laßt uns das Ding ordentlich festzurren und weiterfahren.

Ich höre nicht auf Slimane: Nadir, laß die Kiste vorsichtig herunter, damit wir sie öffnen und nachsehen können.

Seid ihr verrückt geworden? protestiert Slimane. Ihr wollt doch nicht im Ernst die Totenruhe stören!

Wenn der Inhalt dieser Kiste wirklich tot ist, entgegne ich, wird er sich durch unsere Zudringlichkeit nicht stören lassen.

Ihr wißt ja gar nicht, wie der Leichnam zugerichtet ist! Ich an eurer Stelle würde mir den Anblick ersparen.

Sei vorsichtig, Nadir, daß sie nicht noch einmal auf die Erde kracht!

Doch zu spät. Handgemenge auf dem Dach des alten Peugeots: Laß die Hände von der Kiste, Junge. Du hast kein Recht, dich in diese Angelegenheit zu mischen!

Schon gerät sie ins Rutschen, schrammt an der Fahrerseite entlang, hinterläßt einen häßlichen breiten Kratzer in der Tür und donnert ein zweites Mal auf den steinigen Boden. Diesmal bricht der Deckel auf. Ich hebe ihn vom Kasten und blicke hinein.

Ein Mann liegt darin, die Hände gefesselt, das Gesicht unter einer Kapuze verborgen. Behutsam ziehe ich die Kapuze von seinem Kopf, löse den Knebel vom Mund, knüpfe die Augenbinde auf und schaue – in mein eigenes Gesicht.

Erschrocken richte ich mich auf. Der Hammami legt beruhigend seine Hand auf meine Schulter: Keine Angst, Junge, ich bin es nur, der Hammami. Mein Bruder wartet bereits. Deswegen habe ich mir erlaubt, euch zu wecken.

Der Himmel ist gerötet von der aufgehenden Sonne, setzt den Palmgarten in Brand. Auf der neuentfachten Glut des Holzkohleöfchens zieht der frischaufgebrühte Tee. Der Hammami gießt den Tee mit einer weitausholenden Geste in die Gläser und setzt sie den drei verschlafenen Gästen vor.

Der ungeduldige Ton einer Autohupe mahnt sie zum Aufbruch. Vor dem Tor des Badehauses wartet mit laufendem Motor ein alter Peugeot. Auf der Rückbank vier bärtige, finster blickende Männer. Auf dem Dachgepäckträger eine schwankende Pyramide von Pappkartons, Kunstledertaschen und Plastikbeuteln. Laid und Nadir verabschieden sich freundlich, ja liebevoll von Dschaber und dem Hammami, als habe ihnen niemals jemand ein Leid zugefügt. Dann quetschen sie sich auf den einzigen noch freien Platz, den Beifahrersitz.

Der Fahrer begrüßt sie heiter: Kein Gepäck? Gut. Ihr hättet es ohnehin auf den Schoß nehmen müssen.

Die anderen Fahrgäste schweigen grimmig.

Slimane winkt seinem Bruder zum Abschied zu. Dann gibt er Gas: Los geht's! Bismillah.

Der Wagen durchquert die brennenden Oasengärten, bis die Asphaltstraße plötzlich endet. Ohne das Tempo merklich zu drosseln, setzt er die Fahrt auf einer holprigen Schotterpiste fort.

Warum soviel Häßlichkeit? Häßlichkeit nicht aus Armut, sondern aus Prinzip? – Wovon redet Slimane? Von seiner Frau, seinen Kindern, der Wüste?

Die Wüste liebt uns nicht. Gut, nicht geliebt zu werden ist ja kein Verbrechen. Aber ein großes Unglück, nicht wahr?

Wir sitzen eng aneinander gedrückt auf einem Sitz, siamesische Zwillinge. Doch unsere innere Reise hat Nadir und mich eher voneinander entfernt als uns näher gebracht.

Ich halte dein Haar in der Hand, den Skalp des Übermuts, doch es hat kein Gesicht. Ich fühle deine warme tätowierte Haut an meiner Seite, aber sie hat kein Gesicht. Ich füttere diese leere Hülle mit meinen Blicken, mit den Augen eines Krokodils. Ich drehe einen schwarzen Schirm in diesen nackten korkigen Schädel. Ich hänge einen unansehnlichen Ledermantel um deine walnußschrundige Nacktheit, aus der dein Kopf ragt wie ein runzeliges Skrotum. Aber es hat kein Gesicht.

Nach einer geraumen Zeit schweigsamer Fahrt treffen sie auf zwei einsame Gestalten am Wegrand: ein älterer, mürrisch blickender Mann und ein Knabe, neben ihnen eine schwankende Pyramide von Pappkartons, Kunstledertaschen und Plastikbeuteln. Der Peugeot hält.

Es gibt doch gar keinen Platz mehr! protestiert Nadir.

Natürlich gibt es noch Platz, entgegnet Slimane freundlich. Sollen die beiden bis morgen früh warten? Ich fahre die Strecke nur einmal am Tag. Wir müssen eben ein wenig zusammenrücken.

Der Mann am Straßenrand und Slimane türmen das zusätzlich Gepäck auf den ohnehin schon überladenen Gepäckträger. Dann quetscht sich der mürrische Geselle zu den vier grimmigen Schweigern auf die Rückbank, während der Knabe es sich zwischen Nadir und dem Fahrer auf der Handbremse bequem zu machen versucht.

Man könnte glauben, dies sei ein ganz normales Taxi, sagt Laid beiläufig, wohl um überhaupt irgendwas zu sagen.

Es ist ein ganz normales Taxi, junger Freund! Was glaubst denn du?

Na ja, querfeldein durch die menschenleere Wüste –

Dies ist die alte Verbindungsstraße zwischen Gouerara und Ghardaia, erklärt Slimane. Und menschenleer? Ganze Dörfer und Siedlungen liegen hier verstreut.

Ich sehe weit und breit kein einziges Haus.

Wer wohnt schon gerne direkt an der Hauptverkehrsstraße? Hier gibt es ja Platz genug!

Nadir hat auf der ganzen bisherigen Fahrt geschwiegen. Plötzlich bricht es aus ihm heraus: Halt an!

Was ist los, junger Freund? Mußt du mal austreten?

Halt an, hab ich gesagt. Sofort!

Immer mit der Ruhe, Junge. So ein alter Kasten ist schwer auf Trab zu bringen und ebenso schwer wieder zu bremsen. Wir wollen doch nicht im Wüstendreck festsitzen und die Karre schieben müssen, oder?

Nadir fällt Slimane in den Arm: Hast du nicht verstanden? Halt an! Ich ertrage das nicht länger! Ich ertrage euch nicht länger! Laßt mich hier raus! – Schweiß steht auf seiner Stirn, sein Atem rast. Er drängt den Jungen zwischen sich und dem Fahrer zur Seite und hindert Slimane gewaltsam an der Weiterfahrt.

Die Männer auf der Rückbank und Laid versuchen vergeblich, Nadir zu bändigen. Er befreit sich aus ihren Griffen mit der Kraft eines Tobsüchtigen. Mit Müh und Not bringt Slimane den Wagen heil zum Stehen.

Brutal kämpft Nadir sich den Weg frei; wirft Laid fast aus dem Wagen. Leichenblaß steht er am Pistenrand, schweißnaß und nach Luft ringend. Dann stapft er mit starrem Gesichtsausdruck in die Wüste hinein.

Laid stürzt ihm nach, versucht, ihn festzuhalten. Doch Nadir schüttelt ihn ab wie einen lästigen Hund.

Endlich haben sich auch die anderen vom ersten Schock über Nadirs plötzlichen Aus- oder Zusammenbruch erholt und rennen den beiden hinterher. Zwei der kräftigen Kerle von der Rückbank gelingt es, Nadir aufzuhalten. Zwei weitere Männer sind notwendig, um ihn am Boden zu fixieren. Beruhigend reden sie auf ihn ein, während Laid hilflos daneben steht. Sie wischen ihm den Schweiß von der Stirn, streicheln seine Hände, seine Wangen, bärtige Riesen mit der Zärtlichkeit von besorgten Müttern, die ein verstörtes Kind zu trösten versuchen: Ist ja gut, Junge, es ist dir eben ein wenig zu eng geworden. Nun ist alles in Ordnung, nicht wahr?

Einer tropft ihm Wasser ins Gesicht, ein anderer gibt

ihm ein wenig Tee zu trinken. Jeder kramt etwas anderes hervor, ein Stück Brot, einen Apfel, eine Zigarette. – Langsam kommt Nadir zur Ruhe. Fast willenlos, mit abwesendem Blick, läßt er die Fürsorge über sich ergehen.

Laid setzt sich zu ihm. Nun hocken sich alle Männer in einen Kreis um die beiden.

Wo hast du deinen Tabak? – Laid dreht ein wenig Tabak und Gras ins Blättchen, zündet die Tüte an und reicht sie seinem Freund nach dem ersten Zug.

Er lächelt: Und? Schmeckt der erste Zug anders als der letzte?

Laid lächelt zurück: Langweiliger!

Schweigsam raucht Nadir den Joint zu Ende und reicht Laid den Stummel. Laid macht einen letzten Zug und drückt die Kippe aus: Alles in Ordnung, Nadir?

Ich steig da nicht wieder ein. Lieber gehe ich zu Fuß.

Bis Ghardaia, wirft Slimane ein, sind es noch achtzig Kilometer!

Das ist mir egal. In den Wagen steige ich nicht mehr!

Sei vernünftig, Nadir, sagt Laid. Wir sind auf dieser Reise weiß Gott schon genug Kilometer zu Fuß gegangen.

Fahr ruhig. Wir treffen uns heute abend im nächsten Kaff. Ich werde dich schon finden. – Trotzig starrt Nadir auf den Staub zu seinen Füßen. Die anderen blicken sich ratlos an.

Die Sonne ist höher gestiegen, doch immer noch wirft unser Wagen einen lebensgroßen Schatten auf meine Seite der Piste. Zwischen mir und Slimane sitzt der Junge.

Hinten auf der Rückbank drängen sich die fünf Männer, Kartons, Tüten und Taschen auf den Schößen. Lächelnd blicke ich auf den Schatten unseres Dachgepäckträgers, ein Nest aus den dort verbliebenen Gepäckstücken, darin thronend die Silhouette Nadirs, dicht eingehüllt in den Burnus und das Kopftuch eines unserer fürsorglichen Mitreisenden.

Wir treten durch das Stadttor von Beni Isguen. Warum schlägt mein Herz so hart? Was lassen wir denn zurück, jenseits der Mauer? Die staubige Piste, die müden Stoßdämpfer unseres Wagens, die Vorstadt, den Busbahnhof, eine Bank, einen Sklavenmarkt, ein Barbarenlager, gewöhnliche Feiglinge und Maulhelden, Diebe und ihre Opfer, gewöhnliche Liebende, Zuhälter und Nutten – so oder so endet unsere Reise mit einer Niederlage, der Schoß der Nutte zerfällt wie das Herz des Helden. Und in dieser Hölle der Heiligen kennt man ohnehin nur eine einzige Zeit, die Vergangenheit, die erstarrten Augen der Toten, die nicht vergessen können. Es gibt kein Leben im Erinnern.

Kaum haben sie das Tor durchschritten, stellt sich ihnen ein Mann in den Weg: Kann ich euch helfen?

Wir suchen ein Restaurant oder Café, antwortet Nadir unwillig.

Es gibt keine Restaurants oder Cafés in Beni Isguen. Geht nach Ghardaia.

Nicht gerade ein gastfreundlicher Ort!

Das ist wahr. Beni Isguen ist eine heilige Stadt. Fremde

sind hier nur geduldet. Sie dürfen die Stadt, den Markt ausgenommen, nur mit einem Führer betreten.

Und Sie sind sicher ein Fremdenführer, oder?

Auch das ist wahr.

Wir wollen nur den Markt besuchen. Tut mir leid, wir benötigen Ihre Dienste nicht.

Sie lassen den Fremdenführer stehen und gehen in die Stadt hinein, eine Staffel rechtwinkliger Flächen in sanften Pastelltönen, ohne das harte Spiel von Licht und Schatten, wie man es von der Nachmittagssonne erwarten könnte.

Der Mann folgt ihnen: Ihr kennt den Weg zum Markt nicht.

Wir werden uns durchfragen, antwortet Nadir schroff.

Es ist kein üblicher Markt, erklärt der Mann beharrlich, aber nicht unfreundlich. Hier läuft nicht der Kunde über den Platz und sucht den Händler auf, hier ist es umgekehrt. Die Kunden sitzen vor den Häusern rund um den Marktplatz, und der Händler läuft mit seinen Waren umher und sucht den Kunden auf.

Das klingt ja sehr komfortabel. Vielen Dank für die Auskunft.

Mit Blick auf Laids Kamera fügt der Mann hinzu: Ist das ein Fotoapparat?

Nadir antwortet für den Freund: Nein, das ist ein Maschinengewehr. Eine Sonderanfertigung für Agenten und Spione mit Geheimaufträgen in heiligen Städten!

Das Fotografieren innerhalb der Stadtmauern ist verboten!

Wer hätte das gedacht! Aber der Schein trügt, wie gesagt. – Ah, der Markt! Würden Sie uns nun wohl in Ruhe unseren Geschäften nachgehen lassen?

Die enge Gasse mündet auf einen viereckigen, teils mit Arkaden umgebenen Marktplatz. Über den fensterlosen Hauswänden, die sich den Berg hinaufziehen, sehen sie das steil aufragende Minarett, im selben sudanesischen Stil wie das der Moschee in Gouerara.

Sie setzen sich an den Rand des Platzes und schauen dem Markttreiben zu. Der zurückgewiesene Führer bleibt wenige Meter entfernt unter einem Rundbogen stehen und beobachtet die beiden Freunde aus seinem Schatten.

Nadir zündet sich eine Zigarette an. Kaum hat er den ersten Zug getan, stürzt der Führer auf sie zu und flüstert mit Panik in der Stimme: Das Rauchen ist in der heiligen Stadt strengstens verboten!

Das Rauchen? fragt Nadir erstaunt. Sieh doch her, ich rauche gar nicht. Ich bete! Ich verbrenne im Gebet.

Es ist besser, ihr verschwindet von hier, ehe andere auf euch aufmerksam werden. Die Menschen hier mögen es nicht, wenn man sich über die Dinge lustig macht, die ihnen heilig sind.

Und die Gastfreundschaft zählt nicht dazu?

Mehrere Händler und Marktbesucher sind von dem Disput zwischen Nadir und dem Führer angelockt worden. Ein Tuchhändler fährt Nadir schroff an: Mach die Zigarette aus, du Flegel! – Schon sind sie von einer wachsenden Menge Neugieriger umringt.

Wie redest du mit mir, Alter? antwortet Nadir kalt. Bin ich dein Sohn, daß du mich wie ein Kind zurechtweisen darfst?

Es reicht, Nadir, mischt sich Laid endlich ein. Mach die Zigarette aus. Dann laß uns gehen.

Jetzt fängst du auch noch an! Begleite ich dich Tag und Nacht durch diese beschissene Wüste, daß du mir beim kleinsten Streit in den Rücken fällst? – Er springt auf und wirft dem Gefährten die Zigarette vor die Füße: Geh doch allein nach Timimoun, Laid, zu deiner verrückten Familie. Ich habe die Nase voll!

Der Führer blickt sie irritiert an: Du bist doch nicht etwa Laid al-Asis?

Und du, antwortet Nadir wütend, bist doch nicht etwa gar kein Fremdenführer, sondern Agent des lokalen Geheimdienstes?

Der Führer, lächelnd: Und du mußt Nadir sein, Laids Freund und Gefährte!

Laid al-Asis? fragt nun auch der eben noch so schroffe Tuchhändler mit Rührung in der Stimme. Willkommen, Freunde, willkommen in Beni Isguen. Habt ihr schon eine Herberge?

Der Führer: Sie sind heute nacht bei mir zu Gast, Ali.

Ich bin Chalid, stellt er sich den beiden vor und ergreift Laids Arm. Kommt mit. Gehen wir an einen ruhigeren Ort.

Du hast mir nicht gesagt, daß du hier unten eine Berühmtheit bist, zischt Nadir mir ins Ohr.

Ich wohl kaum, flüstert Laid zurück. Ich bin nur der

Sohn einer Berühmtheit, was wohl eher das Gegenteil bedeutet.

Fast ehrfürchtig treten die Marktbesucher zur Seite und bilden eine Gasse, durch die Chalid sie tiefer in die heilige Stadt führt.

Nicht nur jeder Überfluß ist seinem Hause fremd. Es mangelt ihm bereits an den elementaren Formen der Behaglichkeit, als solle der Gast sich hier gleich mit dem Mangel und der Not seines gesamten irdischen Daseins vertraut machen können.

Ein Dutzend Honoratioren der Stadt haben sich in seinem Diwan eingefunden, alte, graubärtige Männer, ganz in Weiß gekleidet. Schweigsam tauchen sie ihre Hände in die Schüsseln mit Kuskus und Bohnen, ein Festmahl zu Ehren der Gäste.

Nachdem die Schüsseln abgeräumt und der Tee gereicht worden ist, endlich ein erstes Lächeln: Willkommen! Willkommen, junger Mann aus dem Hause al-Asis. Wir haben lange auf dich gewartet.

Auf mich?

Aber wir haben gewußt, fährt der Greis, nun wieder ernst, in seiner Rede fort, daß du irgendwann kommen und dich des Hauses al-Asis würdig erweisen wirst.

Sie würden mich aus der Stadt werfen, kennten sie meine wahren Gedanken. Sie wissen nicht, daß ich vor allem aus Feigheit aufgebrochen bin. Aus Furcht, für feige gehalten zu werden. Der Erwartung zu gehorchen, braucht es keinen Mut.

Dies ist nur ein kurzer Besuch, antwortet Laid ausweichend. Ich habe nicht vor zu bleiben.

Die Zeiten haben sich geändert, murmelt der Alte. Die alten Sitten und Gesetze gelten euch Jungen nichts mehr. Doch nimm dir ein Beispiel an der Treue deiner Schwester.

Ist es Treue, daß sie nicht vergessen kann?

Du bist lange fortgewesen, in einer großen Stadt am Meer, wo man schnell vergißt.

Nicht ich hatte beschlossen fortzugehen. Ich war ja fast noch ein Kind. Sie war es, die mich fortgeschickt hat.

In weiser Voraussicht, damit du nun, als erwachsener Mann, das Gesetz erfüllst.

Welches Gesetz?

Das Gesetz des Blutes. Das Gesetz der Sohnespflicht. Das Gesetz der Reinigung deiner Ehre.

Sie hat Rache geschworen, nicht ich. Warum verlangt sie von mir, daß ich Werkzeug ihrer Rache sei?

Sie ist eine Frau.

Ist sie das?

Laid, Laid, Sohn Ibrahims, es gilt nicht nur, eine Sohnespflicht zu erfüllen. Es gilt, ein Fest zu feiern, das erste wahre Freudenfest seit dem Tod deines Vaters. Es gilt, einen Fluch in Segen zu verwandeln. Der Tod deines Vaters war unser aller Tod. Unser aller Hoffnung auf ein Fortleben ruht auf dir, mein Sohn!

Ich schweige. Die Furien sind keine Wahngebilde. Aus ihren Brüsten tropft Fett und Rotz und Blut. Ein Gott kann diese Greuel nicht wollen. Und nicht einmal mein Vater. Wer dann?

Kann man nicht mal ein bißchen Musik machen? unterbricht Nadir die bedrückende Stille.

Es gibt keine Radio- und Fernsehgeräte in der heiligen Stadt, antwortet unser Gastgeber eisig.

Kein Wunder, daß die jungen Leute alle fortwollen!

Ihr seid müde, beendet der Alte die Versammlung. Ihr seid einen weiten Weg gegangen. Ruht euch aus und sammelt Kraft für den Weg, der euch noch bevorsteht. – Chalid, wir danken dir für deine Gastfreundschaft.

Die Honoratioren erheben sich und verabschieden sich ernst von Laid und Nadir. Dann begleitet Chalid sie hinaus.

Vergessen – als gäbe es kein schlimmeres Vergehen. Dabei würde ich am liebsten noch das Vergessen vergessen.

Schlaflos wälzt er sich auf dem harten Lager, das Chalid für sie in seinem Diwan hergerichtet hat: Strohmatratzen, Kamelhaardecken. Sie haben sich erst gar nicht ausgekleidet.

Plötzlich richtet Nadir sich auf, kramt seinen Tabakbeutel und Streichhölzer aus seiner Hosentasche und dreht sich eine Zigarette. Nach den ersten beruhigenden Zügen: Nun habe ich mein ganzes Leben in diesem Land verbracht und weiß so gut wie gar nichts von ihm. Was erwarten diese Leute von dir? Daß du den Tod deines Vaters rächst und deine Mutter umbringst?

Dein gesunder Menschenverstand ist hier fehl am Platz.

Die leben ja noch im Mittelalter. Laß uns nach Hause zurückkehren, Laid!

Nach Hause? Wenn ich wüßte, wo das ist, Nadir! – Er reicht Laid den Zigarettenstummel.

Hier bleibe ich auf gar keinen Fall über Nacht! – Er stößt die Decke fort, springt auf, stopft sich das Hemd in die Hose.

Wir kommen nicht aus der Stadt heraus, gibt Laid zu bedenken. Bei Sonnenuntergang wird das Tor geschlossen und erst am frühen Morgen wieder geöffnet.

Wir finden schon einen Weg hinaus. Und wenn wir über die Stadtmauer klettern müssen!

Sie verlassen Chalids Haus. Niemand hält sie zurück. Sie streifen durch das nächtliche, menschenleere Labyrinth der heiligen Stadt. Die engen steilen Gassen feindselig, die am Tag warmleuchtenden Pastelltöne der Häuser kalt und grau.

Auf Umwegen gelangen sie zum einzigen Stadttor Beni Isguens. Wie erwartet finden sie es verschlossen vor. Sie streichen an der Stadtmauer entlang, um eine Stelle zu finden, an der sie hinübergelangen können. Nachtwächter sind unterwegs. Sie kündigen sich jedesmal durch ihren lauten, energischen Schritt an, so daß die beiden Flüchtlinge sich rechtzeitig in einer der licht- und fensterlosen Gassen verbergen können.

An einigen Stellen ist die Mauer auf ihrer Seite zwar leicht zu erklimmen, doch fällt sie auf der stadtabgewandten Seite so tief ab, daß sie sich beim Sprung hinunter alle Knochen brechen würden. Schließlich glaubt Nadir, eine Stelle gefunden zu haben, an der ihm die Mauer überwindbar erscheint. Er klettert voran auf die schmale Krone und hilft dann Laid hinauf. Er springt. Die Dunkelheit täuscht ihn über die wahre Höhe der Außenwand. Nur der sandige Grund schützt ihn vor ernsteren Verletzungen bei der unerwartet harten Landung.

Laid läßt sich vorsichtig hinab. Einen Augenblick hängt er unentschieden an der Mauerkrone. Er hört das harte Schuhwerk der Nachtwächter auf dem sauberen Pflaster der Stadt näher kommen und läßt endlich los.

Die Mauern Timimouns. Keine Stadt, die auf irgendeinem Weg liegt. Zu der man notgedrungen gelangt und sie wieder verläßt. Sie liegt am Ende einer langen kurvenreichen Straße. Die Stadt erschließt oder deckt nichts.

Ich bitte Nadir, vor der Stadtmauer, im Schatten der Oasenbäume, auf mich zu warten. Dann betrete ich den Kasr, allein. Viele Häuser sind verfallen, die wenigen noch bewohnten in einem schlechten, vernachlässigten Zustand. Ich erinnere mich an Stunden der Langeweile, an eine Schwermut ohne Trauer, an Befriedigung ohne Lust.

Ich klopfe an die Tür meines Elternhauses. Zarouia öffnet und mustert den jungen unbekannten Mann auf ihrer Schwelle: Was wünschen Sie?

Ich heiße Nadir und komme aus Bejaia, antworte ich der Frau. Ich war ein enger Freund von Laid. Nun habe ich eine traurige Nachricht für seine Familie. Er ist vor drei Tagen tödlich verunglückt. Sein Onkel schickt mich, um zu fragen, ob er den Leichnam hierherschicken oder auf dem Friedhof von Bejaia begraben soll.

Zarouia schaut mir einen Augenblick stumm ins Gesicht. Sie weiß, in diesem Land ohne Sanftheit und Trost lebt man schnell und unbedacht und stirbt allein.

Komm herein, Nadir. – Sie führt mich in die Küche, die sich seit meinen Kindheitstagen kaum verändert hat. – Setz dich. Ich mache uns einen Tee.

Ein düsterer, armseliger Raum, vollgestopft mit dem Rauch und der Dunkelheit seiner selbst. Der Rauch kommt vom offenen Herd, wo das Getreide geröstet wird. Es gibt keinen Kamin. Der Rauch umfängt und umarmt mich, bis er langsam durch die rissige Tür in den Hof abzieht.

Du hast Laid gut gekannt?

Ich war sein bester Freund. Jeden Tag haben wir uns gesehen, nach der Arbeit. Sind auf seinem Motorrad an den Strand gefahren, haben geschwommen oder haben in seinem Zimmer gesessen und Musik gehört.

Ich habe, seit er Timimoun verließ, nichts mehr von ihm gehört. Erzähl mir von ihm.

Er war Fotograf und hatte ein kleines Atelier in der Rue Lourcine. Er hat das Fotografieren geliebt, außer den Studioaufnahmen, den gestellten Bildern von glücklichen Hochzeitspaaren und frischgebadeten Kindern in Feiertagskleidern. – Hier, das ist seine alte Kamera.

Ja, ich erinnere mich, ein Geschenk seines Vaters. – Er muß mich sehr gehaßt haben.

Warum hätte er seine eigene Mutter hassen sollen?

Hat er nie von seiner Kindheit erzählt?

Er war eher ein stiller, schweigsamer Mensch. Aber meistens mußte er mir auch nichts sagen. Ich konnte immer an seinem Gesicht ablesen, was in ihm vorging. Es war wie ein offenes Buch.

Hast du ein Bild von ihm?

Nein. – Ich weiche ihrem Blick aus. – Er hat es immer gehaßt, selber fotografiert zu werden.

Wenn er seinem Vater ähnlich geworden ist, muß er ein schöner Mann geworden sein.

Die Mädchen mochten ihn. Doch wußte er mit den Mädchen nicht viel anzufangen.

Mutter und Schwester waren ihm auch kein gutes Beispiel. – Richte dem Onkel aus, er möge meinen Sohn hierher überführen. Ich möchte ihn noch einmal sehen.

Das sollten Sie sich nicht antun. Er hat keinen Sturzhelm getragen. Der Unfall hat ihm das ganze Gesicht weggerissen.

Das uns das Schicksal keinen Schrecken erspart!

Bist du wach, Laid? Hörst du mich? – Laid schlägt die Augen auf. Über ihm die Gesichter Nadirs und Chalids. Nadir betupft ihm mit einem feuchten Tuch die Stirn, Chalid hält Verbandszeug in den Händen.

Was ist passiert?

Du bist unglücklich gestürzt und hast für ein paar Minuten das Bewußtsein verloren. – Laid schließt die Augen, spürt Nadirs Hand an seiner Wange.

Das beste wäre, wir riefen einen Arzt, sagt Chalid besorgt.

Nein nein, das sind nur die Mückenstiche!

Ich glaube, er hat Fieber.

Wie geht es deinem Kopf? fragt Nadir.

Schau, die Mücken sind winzig klein. Du wirst gestochen und merkst es nicht. Erst Minuten später entstellen dir die Stiche das Gesicht wie einem Aussätzigen.

Ruh dich aus. Ich halte Wache. – Nadir läßt seine kühle Hand auf seiner glühenden Stirn liegen.

Wo ist meine Kamera?

Sie ist hier, beruhigt ihn Nadir. Doch hat sie, fürchte ich, deinen Sturz nicht unbeschadet überstanden.

Gib sie mir! – Laid nimmt die verbeulte Leica in beide Hände und drückt sie an sich.

Macht euch keine Sorgen, Freunde, murmelt Chalid. Ich werde schon dafür sorgen, daß ihr wohlbehalten nach Timimoun gelangt!

Nadir hat sich auf den weichen Teppich aus Dringras gesetzt, um auf meine Rückkehr zu warten. Er lehnt am Stamm einer Tamariske und raucht. Dort, am Rand des Oasengartens, vor den Mauern der Stadt, entdeckt sie ihn. Eine Stadt der Krieger. Selbst unter den Blusen und Röcken männliche Geschlechtsmerkmale. Eine schmalhüftige, flachbrüstige Menge, die Ungeschminkten unter ihnen die Ehrwürdigsten. Natürlich mögen sie keine Kinder!

Sie trägt meine Kamera um den Hals. Sie schaut sich unsicher um, ob sie beobachtet wird. Denn zur Zeit des Gebets ziehen sich die Rechtgläubigen gern in die Rizinusgebüsche der Palmgärten zurück. Dann spricht sie den Fremden an: Das ist nicht zufällig deine Kamera?

Nein, antwortet Nadir. Du kannst sie mir trotzdem

geben. Sie gehört meinem Freund. Er wird sich freuen, daß du sie gefunden hast.

Auf dem Friedhof habe ich sie gefunden. Was habt ihr dort gemacht?

Wir haben das Grab eines Verwandten besucht.

Eines Verwandten? Aber ihr seid nicht von hier, oder?

Ich bin aus Bejaia.

Und dein Freund kommt auch aus Bejaia?

Ja. Aber er ist nicht dort geboren.

Wo steckt denn dein Freund nun?

Warum interessierst du dich so sehr für meinen Freund? Bin ich dir nicht hübsch genug?

Sieht er dir ähnlich, dein Freund?

Nein. Er ist dunkler, schmächtiger. Er sieht eher dir ähnlich. – So ist er es!

So ist er wer?

Nichts. – Natürlich finde ich dich hübsch. Ja, ich habe nie einen schöneren Menschen gesehen. Wie heißt du?

Nadir. Und wie heißt du?

Assia.

Rauchst du, Assia?

Nein. Doch laß mich einen Zug probieren.

Nadir reicht ihr den Zigarettenstummel. Sie nimmt einen Zug, hustet, lacht.

Oh, Nadir. Ich bin so glücklich. Ich könnte dich vor Glück umarmen.

Und warum tust du es nicht, Assia?

Wir sind hier in Timimoun, nicht in Bejaia. Das ist die Wüste.

Warum verläßt du die Wüste nicht und kommst mit mir ans Meer?

Ein Mann mit einer geschulterten Axt und Brennholz unter dem Arm kommt aus den Gärten und entdeckt die Frau im Gespräch mit einem Fremden.

Was tust du hier im Freien, Assia? Schämst du dich nicht, vor aller Augen mit einem fremden Kerl herumzuschäkern? Geh zurück ins Haus!

Du wirst mich nicht mehr lange herumkommandieren, Onkel!

Was redest du da! Tu, was ich dir sage, auf der Stelle! – Er blickt sie zornig an.

Nun mischt sich Nadir ein: Was ist das für ein Ton, Mann? Redet man hier so mit einer Frau?

Ich weiß nicht, wo du herkommst, Bursche. Doch hier ist es nicht üblich, unbekannte Mädchen auf der Straße anzusprechen.

Wir haben uns nur freundlich unterhalten. Ist das etwa ein Verbrechen?

Es ist noch nicht lange her, daß man junge Leute für eine derartige Unterhaltung gesteinigt hat!

Und was steht auf Ehebruch und Mord? ruft Assia dazwischen.

Bist du immer noch nicht fort, du Herumtreiberin? Ins Haus mit dir, oder ich sperr dich zum Vieh, bis du dich wieder anständig benimmst.

Sind Sie Assias Vater, daß Sie so mit ihr reden dürfen?

Ich bin ihr Vormund. Im übrigen geht es dich nichts an.

Am besten scherst du dich so schnell wie möglich aus meinem Garten und kehrst dahin zurück, wo du hergekommen bist!

Assia, wild: Aus deinem Garten? Du bist nicht der Erbe dessen, den du bestohlen hast! Du bist nichts als ein feiger Dieb –

Der Mann läßt Axt und Brennholz fallen und schlägt ihr ins Gesicht. Dann packt er sie am Arm und zerrt sie zum Stadttor.

Assia versucht, sich zu befreien, und schreit: Gestohlen hast du Bett und Tisch meines Vaters, gestohlen hast du sein Haus, seine Frau und seine Kinder, ja gestohlen hast du ihm die Ehre und sein Leben –

Abdul Malik hält ihr den Mund zu und zerrt sie weiter: Schweig endlich! Brüllst die ganze Stadt zusammen. Als redeten die Leute noch nicht genug über deinen Wahnsinn!

Nadir ist aufgesprungen und fällt ihm in den Arm.

Abdul Malik, gefährlich ruhig: Verschwinde, Junge, bevor ein Unglück geschieht!

Hilf mir, Nadir! Laß nicht zu, daß er mich weiter quält!

Nadir nimmt die Axt vom Boden auf: Laß das Mädchen los, Mann!

Mach dich nicht unglücklich, Junge. Du willst doch nicht hier, vor aller Augen, einen Bewohner dieser Stadt erschlagen!

Laß sie los, habe ich gesagt!

Verschwinde, solange man dich noch unbehelligt ziehen läßt, dummer Junge. Doch laß meine Axt liegen!

Nadir schlägt mit der stumpfen Seite zu und trifft Abdul Maliks Schulter. Mehr aus Überraschung als aus Schmerz läßt Abdul Malik seine Nichte los und starrt auf die Axt in Nadirs Hand. Wut blitzt in seinen Augen auf. Er zieht ein Klappmesser und stürzt auf Nadir zu, bevor dieser zu einem weiteren Schlag ausholen kann.

Assia schreit laut auf: Er bringt ihn um, der Mörder!

Als Zarouia und ich aus dem Tor ins Freie stürzen, blutet Nadir bereits aus mehreren Schnittwunden am Arm. Er hat die Axt fallen gelassen. Abdul Malik macht einen Schritt auf meinen Freund zu, womöglich nur, um die Axt an sich zu nehmen. Ich aber sehe allein die blutige Klinge, die auf Nadirs Brust gerichtet ist, und stürze mich zwischen die beiden.

Ich versuche, Abdul Malik das Messer zu entreißen. Siehst du den Stahl in meiner Brust, Nadir? Sag nicht, es sei ein Werkzeug der Ehre. Läßt du ihn in meinem Herzen stecken, bäumt sich der Muskel besinnungslos auf. Ziehst du ihn heraus, entweicht aus dem kleinen Loch jeder Vorrat an Sanftmut und Schonung.

Nun wirft sich auch Zarouia in das Handgemenge: Nein, mein Junge, laß das Messer, all das Blut führt zu nichts! Abdu, Laid, macht euch nicht unglücklich, gebt das Messer mir –

Sie drängt sich zwischen uns, ein panisches Rebhuhn, und erst wenn du die Flügel aufdeckst und über den Daunenleib streichst, entdeckst du die tödliche Verletzung am Herzen.

Einen Augenblick herrscht gedankenleeres Schweigen. Dann ergreife ich die Axt und stürze mich auf meinen Onkel, jenen Mann, der es immer nur gut gemeint hat, und schlage auf ihn ein wie auf ein rohes Stück Fleisch, immer wieder und wieder, obwohl längst kein Widerstand mehr in ihm ist. Und während ich wüte, tanzt Assia händeklatschend um uns herum und feuert meine blutigen Schläge an: Schlag noch einmal! Und noch einmal! Und noch einmal!

EL GOLEA

Wer sind diese Leute?

Das ist eine Hochzeitsgesellschaft. Der Bräutigam holt seine Braut ab.

Wir sind wieder unterwegs?

Wir sind auf dem Weg nach El Golea.

Laid schaut aus dem Busfenster. Schutthalden, Industriebrachen, von Gigantenhand planiert. Abbruchlandschaft.

Wer ist der Bräutigam?

Vielleicht der junge Bursche, der nicht mitsingt. – Nadir weist auf einen ernst blickenden Mann zwischen den singenden und klatschenden Fahrgästen vor ihnen. – Aber sicher bin ich mir nicht, fügt Nadir achselzuckend hinzu. Ich kenne die Leute nicht. Sie lassen uns einfach mitreisen, weil noch Platz in ihrem Bus war.

Das sind keine Mozabiten, oder?

Nein, das sind Freunde Chalids aus Ghardaia. Mozabiten feiern stiller, wie du dir denken kannst. Wenn sie überhaupt feiern. – Wie geht es deinem Kopf?

Das Händeklatschen hallt wie Pistolenschüsse in der Leere meines Schädels wider. Und die Freudentriller der Frauen reißen mich einen Abhang hinunter, nackte Haut auf splittriger Schlacke, bis ich, den Kopf voran, die Leitplanken durchschlage. – Noch ein wenig lärm- und lichtempfindlich, antwortet er Nadir leichthin. Ich glaube, ich brauche diesen affigen Turban nicht.

Er zieht sich den wichtigtuerischen Verband vom Kopf, ohnehin kein Meisterwerk krankenschwesterlicher Bandagierkunst. Aber Nadir und Chalid haben es sicher gut gemeint.

Nadir lächelt: Ja, man könnte sonst noch glauben, du seiest die Braut!

Laid boxt ihm mit spielerischer Empörung gegen die Brust. Nadir schlägt andeutungsweise zurück. Doch die leichte Erschütterung genügt, seinen Kopf wie eine schlechtgegossene Glocke zerspringen zu lassen.

Leg dich wieder hin, Laid. Vor dem Abend werden wir nicht in El Golea sein.

In den gesprungenen Hohlraum dringt noch das mißtönende Abbremsen des Busses. Er hält vor einem der üblichen militärischen Kontrollpunkte. Ein schwarzer, wächserner Käfer mit kugelsicherem Panzer und einer Maschinenpistole zwischen den haarfeinen Vorderbeinen steigt in den Bus und mustert uns Hochzeitsgäste. Mit einem kurzen ermutigenden Wippen der Gesichtsantennen für den mutmaßlichen Bräutigam kriecht er rückwärts aus dem Bus und winkt ihn zwischen den Spanischen Reitern durch.

Die Gäste singen und klatschen sich erneut in eine festliche Stimmung, so schmerzhaft laut, daß ich mir wünschte, ich wäre ein tauber Baum mit dicker korkiger Borke, aus der bei der geringsten Verletzung eine zähe giftige Milch quillt.

Aus dem Palmenzelt dringt der helle Schein der Fackeln und die dissonante Musik der Festkapelle. Ich stehe am Zelteingang und beobachte die tanzenden Gäste und den Bräutigam in seinem weißen Hochzeitsgewand und seiner Krone aus getrockneten Myrtenzweigen, Nadir, und an seiner Seite die Braut, obwohl sie im Festzelt der Männer nichts zu suchen hat. Es ist Assia. Auch sie ganz in das Hochzeitskleid der Agamen gehüllt, stahl- und türkisblaue dornenbesetzte Schuppen.

Umringt von den anderen Männern, die sie klatschend anfeuern, beginnt sie, Nadir zu umtanzen. Nie habe ich in Timimoun eine schönere Braut gesehen. Schöne Witwen, ja, doch die drohende Vereinigung läßt sie wie Geckos mit riesigen lidlosen Augen erscheinen: Dreh dich nicht um! Leg dich auf den Bauch, du Reine, Fordernde, damit ich dir nicht noch einmal in die Missionarinnenaugen blicken muß!

Nadir weckt ihn: Wir sind da! – Benommen richtet er sich auf.

Aus meiner Kindheit habe ich El Golea als hübsches Städtchen mit hellen Häusern, einer breiten, von Bäumen gesäumten Hauptstraße und engen, von Lehmmauern eingefaßten Gäßchen, die zwischen den Häusern hindurch zu den unmittelbar angrenzenden Palmenhainen führen, in Erinnerung.

Nun hält der Bus auf einer zugewehten Piste vor der Kulisse einer Geisterstadt, die ebenso trist und verlassen in Texas oder Arizona stehen könnte: heiß, staubig, leblos.

Sie verlassen als letzte den Bus. Der Fahrer schließt die Tür. Er wirft einen Blick auf diese beiden jungen Männer, die ein wenig verloren auf der versandeten Hauptstraße stehen: Ihr gehört nicht zur Hochzeitsgesellschaft?

Nein, antwortet Nadir. Das sind nur entfernte Bekannte, die uns ein Stück mitgenommen haben. Wir wollen heute noch weiter nach Timimoun.

Heute? Da werdet ihr wohl kein Glück haben. Um diese Zeit macht sich niemand mehr auf den Weg nach Timimoun.

Sie machen nicht gerade einen begeisterten Eindruck, die Nacht in dieser Perle der Sahara verbringen zu dürfen.

Es gibt hier ein recht anständiges Hotel, versucht der Busfahrer uns zu trösten. Al Bustan heißt es und liegt am Ende der Hauptstraße, gleich am Rand der Palmgärten.

Er nickt ihnen zum Abschied freundlich zu und schließt sich der Hochzeitsgesellschaft an.

Und nun? fragt Nadir den Gefährten.

Schauen wir uns das Hotel Al Bustan mal an. Geld haben wir ja.

Al Bustan, der Garten – nennen die Araber die Gegend um El Golea nicht den »Garten des Teufels«?

Das Hotel ist ein riesiger Betonkomplex mit wohl dreihundert Betten, gebaut in einer Zeit, in der das Land noch auf Heerscharen abenteuerlustiger Saharatouristen hoffen durfte. Nun steht es offenkundig leer. Von der einstigen Pracht ist der Charme eines nie fertiggestellten Rohbaus geblieben. In der kalten dunklen Eingangshalle hält ein einsamer Hausmeister oder Wächter die Stellung. Obwohl seit Jahren vermutlich kein Gast mehr hier abgestiegen ist, zeigt er sich in keiner Weise erstaunt über ihre Ankunft.

Wir suchen ein Zimmer für die Nacht, teilt Nadir ihm mit.

Eintausendsiebenhundert Dinar, antwortet der Mann an der Rezeption.

Das sind ja die Preise eines Grandhotels. Dabei sieht es aus, als hätte es schon einige Zeit keine Gäste mehr gesehen.

Ich habe die Preise nicht festgelegt, entgegnet der Wächter mürrisch.

Ist wenigstens das Frühstück im Preis inbegriffen?

Selbstverständlich. Unser Küchenmädchen ist von sieben bis zehn Uhr im Haus.

Und warum sitzen Sie hier im Dunkeln? Hat der Hotelbesitzer seine Stromrechnung nicht bezahlt?

Das Hotel gehört dem Tourismusministerium. Ich muß Sie darauf hinweisen, daß unser Haus im Augenblick auch ohne Wasser ist.

Na klar, wer hätte auch damit rechnen können, daß heute abend noch unerwartete Gäste auftauchen.

Darf ich Sie bitten, die Übernachtung im voraus zu bezahlen?

Na, dann rück mal die Kröten raus, Laid, damit das Ministerium wenigstens das zuvorkommende Personal bezahlen kann.

Ihr Hotelzimmer ist so dunkel und kalt wie die Hotelhalle. Ein Fenster geht hinaus auf den verödeten Innenhof mit verdorrtem Grün und einem wasserlosen Swimmingpool.

Nadir wirft sich aufs Bett. Eine Staubwolke steigt aus der Matratze auf.

Wir hätten uns eine Petroleumlampe oder wenigstens eine Kerze geben lassen sollen! sagt Laid düster.

Sei froh, daß du das Mobiliar dieser Bude nicht sehen mußt!

Und einen Eimer Wasser, fügt Laid hinzu.

Na, geh du zuerst ins Bad, bietet Nadir ihm großzügig an. Ich muß nämlich scheißen.

Das hättest du besser im Freien machen sollen.

Wußte ich denn, daß wir in einem Regierungshotel landen!

Schon gut. Geh du nur zuerst. Wir können uns später ja noch nach einem öffentlichen Hammam umsehen.

Ich sehe mich nach gar nichts mehr um! Ich hau mich gleich hin. Du hast ja während der ganzen Fahrt gepennt. Aber ich habe einigen Schlaf nachzuholen.

Nadir verschwindet im Bad. Laid legt sich vorsichtig in seinen Kleidern aufs Bett und starrt, die Arme im Nacken verschränkt, an die Zimmerdecke.

Perle der Sahara, berühmt für seine Rosen, pah! Vielleicht sollte ich Nadir besser nach Hause schicken und alleine weiterreisen. Grenzenloses Einsamkeitsbedürfnis. Der Kopfschmerz raubt mir den Schlaf. Dazu Nadirs zunehmende Gereiztheit. Es ist meine Reise, nicht seine. Der Geruch der ungewaschenen Kleider, die Ausdünstungen unserer Körper, alles zu intensiv, zu nah, er steht auf, verläßt das Zimmer und geht durch die dunklen endlosen Gänge des Hotels zurück zur Eingangshalle. Dort sitzt der Wächter vor einem Fernsehgerät, das von einer Autobatterie mit Strom versorgt wird. Er schaut die Nachrichten, schwarzweiß, verrauscht und mit wanderndem Bildstrich.

Ein Politiker mit einem geradezu äffischen Charakterkopf spricht direkt zur Bevölkerung. Er redet ohne Umschweife, sucht den unmittelbaren Kontakt zu den Zuschauern. Er kritisiert die religiösen Fanatiker, aber auch die korrupten Machthaber. Der Wächter applaudiert. Dieser Mann scheint ihm zu gefallen.

Während der Charakterkopf spricht, geht eine merkwürdige Metamorphose mit ihm vor: Er nimmt immer mehr weibliche Züge an. Schließlich ist es eine Frau, die die Auswüchse des Regimes anprangert und zu bekämpfen verspricht. Während der Wächter erneut applaudiert, ist mir noch nicht klar, ob ich der Held oder der Bösewicht in diesem Spiel bin.

Doch offenbar läuft alles nach Plan. Ich verhalte mich äußerst clever und kaltblütig. Nach außen hin ist meine Tarnung perfekt: ein junger unauffälliger, ja geradezu unscheinbarer Mann.

Da geschieht es, vor laufenden Kameras, auf diesem und vermutlich auf allen Bildschirmen des Landes live zu verfolgen. Während sie Wege zurück zu einer transparenten Demokratie aufzeigt, tritt einer ihrer Leibwächter aus den

Kulissen, wirft eine Handgranate in die überwiegend jugendliche Zuschauerschar und zielt dann mit seiner Maschinenpistole auf den Rücken der Rednerin. Alle Kameras sind nun auf den jungen Leibwächter gerichtet. Dessen Züge sind unverkennbar die meinen. Und während ich ihm ins Gesicht starre, gibt er neun Schüsse auf die Frau vor ihm ab. Dann läßt er das Gewehr sinken und sich widerstandslos von seinen Kameraden verhaften. Stumm vor Entsetzen blickt der Wächter sich zu mir um.

Helles Morgenlicht dringt durch das schmutzige Fenster ins Zimmer. Sofort schließe ich die geblendeten Augen wieder. Vorsichtig steige ich aus dem Bett und taste mich zum Bad. Ich öffne die Tür, ein Gestank nach Scheiße und Erbrochenem schlägt mir entgegen, ich schlage sie gleich wieder zu und verzichte lieber auf die Morgentoilette.

Ich gehe zu Nadirs Bett und versuche, den Freund zu wecken: Nadir, es ist bereits hell. Wenn wir noch einen Wagen nach Timimoun erwischen wollen, müssen wir jetzt los.

Nadir knurrt Unverständliches und dreht sich auf die andere Seite.

Gut, schlaf nur weiter! Ganz allein sitzt Laid in dem riesigen leeren Hotelrestaurant und läßt sich von einer taubstummen Frau das Frühstück servieren: eine Tasse Kaffee, ein halbes Baguette, eine eingeschweißte Portion Konfitüre.

Nach diesem aufmunternden Tagesauftakt kehrt er in ihr Zimmer zurück. Nadir schläft immer noch. –

Verdammt, Nadir, wenn du jetzt nicht aufstehst, fahr ich alleine weiter!

Mir ist schwindlig, stöhnt er.

Kein Wunder! Du hast vierzehn Stunden geschlafen. Da würde auch mein Kreislauf am Boden sein. – Er legt dem Freund die Hand auf die Stirn. Sie ist eiskalt. Fieber hast du jedenfalls keines!

Nadir richtet sich stöhnend auf, tastet nach seinem Tabak. Mit zitternden Händen dreht er sich eine Zigarette und zündet sie an. Kaum hat er einen ersten Zug getan, springt er aus dem Bett, stürzt ins Bad und kotzt in die Kloschüssel, in der bereits die Scheiße der vergangenen Nacht gärt. Laid versucht, das Zimmerfenster zu öffnen. Vergeblich.

Mit aschfahlem Gesicht kommt Nadir ins Zimmer zurück und läßt sich aufs Bett sinken: Mir ist hundeelend, Laid.

Bin ich oder bist du auf den Kopf gefallen! Bei dem Gestank hier würde jedem übel werden. Komm, laß uns an die frische Luft gehen!

Laid wischt ihm mit dem ohnehin fleckigen Laken Reste des Erbrochenen aus dem Gesicht und hilft ihm hoch: Hast wahrscheinlich was Falsches gegessen.

Seit unserem Nachtmahl in Beni Isguen habe ich überhaupt nichts mehr gegessen. Und das war vorgestern!

Und was hast du dann gerade erbrochen?

Irgend so ein grüngelbes Zeug, das aussah wie Galle und Kleinhirn.

Du kiffst zu viel!

Quatsch. Mich kotzt nur diese verdammte Wüste langsam an. Kein Wunder, daß man sich hier gegenseitig die Köpfe einschlägt.

Komm, laß uns ein anständiges Café suchen, ordentlich frühstücken und dann von hier verschwinden.

Ich dachte, das Frühstück sei im Preis inbegriffen.

Das Frühstück hier entspricht dem sonstigen Standard. Ich hatte bereits das Vergnügen. Schätze, es würde dich eher aufs Krankenbett zurückwerfen, als zu deiner Genesung beitragen.

Sie suchen nicht nur die Hauptstraße gründlich ab, sie kontrollieren auch jede einzelne Seitengasse mit hausiererhafter Sorgfalt, doch sie finden kein Café. Schließlich kaufen sie Obst und Brot in einem kleinen Laden und fragen den alten Mann hinter der Theke auch gleich nach dem Bus Richtung Timimoun.

Heute ist Freitag, antwortet er freundlich. Heute fährt überhaupt kein Bus. Und an Wochentagen fährt er bereits um sieben Uhr morgens ab.

Dann haben wir ja genügend Zeit, in Ruhe zu frühstücken, kommentiert Nadir die Auskunft heiter. Nehmen wir es auf der Burg ein, werther Gefährte?

Wo immer du willst, mein edler Bruder, stimmt Laid ihm zu, nur nicht in unserem Herbergszimmer!

Sie marschieren durch die Oasengärten zu dem Zeugenberg, auf dem die Reste der zerfallenen Festung El Menea, der Uneinnehmbaren, vor sich hin bröckeln. Ein Napfkuchen aus Sand, gelbbraun wie die Wüste, aus der ein Festungsberg herausragt; gelbbraun wie die Lehmziegel, die die Oasengärten vor unseren Blicken schützen; stumpf, babylonisch, das Fundament von etwas Erhabenerem, Unvollendetem; eine Strafe.

Das alles könnte groß sein, mythisch, spannten sich nicht die toten Stromleitungen wie Fangleinen von Haus zu Haus, als wollten sie die würfelförmigen Lehmkuben daran hindern, in den wolkenlosen Himmel zu stürzen. Trotzdem überträgt sich etwas von der heruntergekommenen Würde des Ortes auf uns, die Gedanken finden stolze Worte, die Worte fügen sich zu Versen, wie wir sie im Alltag nie benutzen würden, jeder Schritt erhält plötzlich einen Sinn, zumindest eine Richtung, ein Ziel; die Gesten erscheinen als Teil eines größeren Ganzen, auch wenn unser begrenzter Geist das Ganze nur zum Teil überschaut.

Die Treppe in den ehemaligen Kasr ist gut erhalten. Ich spüre den Degen an meiner Seite. Mein Pferd führe ich am Zügel, ein edler Araberhengst mit kostbarem Sattel und Zaumzeug. Die andere Hand rafft die schneeweiße Dschelaba aus chinesischer Seide. Lange war ich fort. Ob die Meinen mich wiedererkennen werden?

Die Türen stehen offen, die Kammern sind leer, ihre Decken zum Teil eingebrochen. Alles wirkt wie vor langer Zeit erobert und geplündert. Was mag mit den Bewohnern geschehen sein?

Ich verschwinde mal kurz! – Nadirs Satz ist wie ein freundlicher Schlag auf die Schulter, der ihn in die Gegenwart zurückholt. Er sucht einen geschützten Ort in den Ruinen auf, um dort in Ruhe und reiner Luft seine Notdurft zu verrichten.

Laids Blick geht über die Gärten weit in die Wüste hinein, eine grüne Insel, scharf abgegrenzt, ohne jeden Übergang, in einem braungelben Sand- und Geröllfeld. Eine Lehmmauer schnürt sie ein, dünn wie ein Bleistiftstrich, der das Grün vom Ocker trennt.

Die flachen Lehmbauten der Oase ertrinken fast im Grün. Nur die Minarette der Moscheen und eine Kirchturmspitze ragen aus dem Palmenmeer. Es muß St. Josef sein, die erste und vielleicht einzige Kirche in der ganzen Sahara.

Laid schaut sich nach dem Gefährten um. Da, am Eingang einer der verfallenen Festungsbauten, steht Zarouia. Sie hat mich bereits entdeckt und blickt mich fragend an. Zögernd gehe ich auf sie zu.

Ich sage ihr, ich sei ein Freund ihres Sohnes. Sie scheint nicht überrascht und bittet mich, ins Haus zu treten.

Der Raum ist eingerichtet, wie ich unsere heimische Küche in Erinnerung habe. Doch ist er ohne Türen, Fenster und Dach.

Zarouia fordert mich auf, Platz zu nehmen. Sie bereitet Tee zu. Du hast Laid gut gekannt?

Ich war sein bester Freund, antworte ich. Aber ich weiß nicht, ob ich ihn wirklich gekannt habe. Er war schweigsam und verschlossen.

Das war er schon als Kind. Er hat alles beobachtet mit seinen großen Kinderaugen. Und ich hatte immer das Gefühl, daß er sich zu allem, was er sah, seine Gedanken machte. Doch habe ich ihn darauf angesprochen, hat er meistens geschwiegen, so daß Leute, die ihn nicht gut kannten, ihn für ein wenig einfältig halten konnten. – Sie lächelt.

Ich lächle zurück: Das war in Bejaia nicht anders. Viele Leute in seinem Alter hielten ihn wohl für ein wenig beschränkt, ein Dattelbauer aus der Provinz eben. Er war wenig schlagfertig und hat so gut wie nie zur Unterhaltung beigetragen. Deswegen hatte er kaum Freunde.

Ich hätte ihn nicht fortgehen lassen dürfen. Die Stadt war nichts für ihn. Er war ein Kind der Wüste und ist es offenbar geblieben. Hier zählen die vielen Worte nichts. Hier schätzt man den schweigsamen, nachdenklichen Mann, der nicht viele Worte macht.

Warum hast du ihn dann gehen lassen? – Die Heftigkeit meiner Frage überrascht sie.

Einen Augenblick hält sie inne, dann antwortet sie ruhig: Ich habe ihn gehen lassen, weil er mir sonst genommen worden wäre. Er war hier nicht sicher. Und als sich die Lage wieder beruhigt hatte und ich ihn gerne zurückgeholt hätte, wollte er nicht mehr zurückkommen.

Das hat er gesagt?

Er hat auf keinen meiner Briefe geantwortet.

Vielleicht haben deine Briefe ihn nicht erreicht.

Das mag sein.

Ich glaube, er hat nie verstanden, warum er fortgeschickt wurde und du es zugelassen hast. Für ihn war es wie eine Verbannung.

Auch mir hat es weh getan. Aber er hat recht, mir böse

zu sein. Daß ich nicht eingeschritten bin, war eine große Schwäche von mir. Doch nach dem Tod von Ibrahim, seinem Vater, hatte ich nicht mehr die Kraft, mich zu widersetzen.

So hat Laid alles verloren, seinen Vater, seine Mutter, seine Kindheit, seine Heimat.

Ja, das eine habe ich ihm genommen, den Verlust des anderen habe ich nicht verhindert. Ich bin nie eine besonders tapfere Frau gewesen, aber ich wollte das Wohl meiner Kinder. Dafür hätte ich alles gegeben. Und gerade bei den beiden, die mir am meisten am Herzen lagen, bei Laila, der Jüngsten, und bei Laid, meinem einzigen Sohn, habe ich vollkommen versagt.

Laid hat von dir immer als eine starke Frau erzählt.

So scheint es den Kindern, weil die Eltern Macht über sie haben und ihre Schwäche zu verbergen versuchen. Aber ihre Schwäche zeigt sich im Alltäglichen, in der Ungeduld, in der Kleinlichkeit des Urteils, in der Furcht, schwach zu erscheinen. Immer, wenn ich mich zwang, stark zu sein, ist es schlimmer gekommen, als wenn ich mich in die Rolle der duldsamen Frau gefügt hätte.

Und an deiner erstgeborenen Tochter hast du dein Versagen nicht wiedergutmachen können?

Assia ist wie ich. Sie verachtet die Schwäche. Sie will stärker scheinen, als sie ist, und macht es dadurch nur noch schlimmer.

Glaube ihr kein Wort, Laid! – Da steht sie im türlosen Eingang, Assia, meine Schwester, ohne daß wir sie hätten kommen hören: Laß dich nicht behexen! Sie spielt die

Starke nicht, sie spielt die Schwache. Sie will dich weich stimmen, damit du von deiner Rache absiehst.

Meiner Rache? – Ich bin eher amüsiert als empört.

Hat sie dich schon in ihrem Netz gefangen? ruft sie wild. Du wirst doch jetzt nicht vor der Tat zurückschrecken!

Von welcher Tat sprichst du, Schwester?

Muß ich dir den Dolch in die Hand geben? Muß ich deine Hand führen, damit er ihr ins giftige Herz fährt? – Und wirklich zieht sie ein Messer mit langer blitzender Klinge aus ihrem Gewand, kein Werkzeug, wie man es im Haushalt nutzt, sondern nackte Waffe.

Du bist ja verrückt, Assia!

Wach auf, Laid! Du sitzt mit der Mörderin deines Vaters am Tisch!

Ich bin nicht gekommen, irgend jemanden zur Verantwortung zu ziehen. Ich bin gekommen, weil ich glaubte, du brauchtest meine Hilfe!

Ja, ich brauche Hilfe, aber nicht die eines Schwächlings, eines Muttersöhnchens. Ich dachte, du seiest zu einem Mann gereift, aber ein weinerlicher Knabe steht vor mir, der nicht weiß, wie man ein Messer hält. Dann werde ich die Tat eben selbst vollbringen!

Je mehr Assia sich in ihre Wut hereinredet, um so absurder erscheint mir die Situation: Deswegen hast du mich rufen lassen? Bin ich nicht mehr für dich als ein Werkzeug deines Hasses?

Nein, nicht einmal das! antwortet sie verächtlich. Aber ich hätte es wissen müssen. Schon als Kind warst du eher das Mädchen als ich. Wie konnte ich erwarten, daß du als ebenbürtiger Freund deines Freundes gekommen bist. Als dessen Bettgefährte bist du mitgereist und zu mehr auch wohl nicht zu gebrauchen.

Assia! bricht es endlich aus Zarouia heraus, die sich lange zurückgehalten hat. Du brauchst das Messer nicht, um zu verletzen. Dein Haß ist so groß, so unmenschlich –

Rede ich mit dir, Hexe? Erinnere dich an Daud! Nicht er hat deinen Sohn verführt, sondern Laid ihn. Ich habe es nie jemandem verraten, aber jetzt sollst du es wissen!

Du lügst, Assia! schreie ich sie an. Daud war so unschuldig wie ich!

Laid war doch noch ein Kind, flüstert Zarouia.

Damals war er härter und grausamer, als er jetzt ist, lacht Assia. Deine Knabenunschuld, Bruderherz, hat Daud umgebracht.

Das ist nicht wahr! – Ich springe vom Stuhl auf. Du hast ihn verraten, Assia. Du warst voller Haß auf Daud, weil er dich zurückgewiesen hat, und voller Haß auf mich, weil ich der Zeuge war!

Wie hätte er mich je zurückweisen können, wenn ich mich ihm niemals angeboten habe.

Ich habe dich im Hof mit ihm gesehen, als er Holz für den Herd hackte, sagt Zarouia ruhig. Und ich habe jedes deiner Worte gehört.

Nichts kannst du gesehen oder gehört haben, du Hexe, weil es nicht geschehen ist, es sei denn in deinem eifersüchtigen Herzen. Glaubst du etwa, ich hätte nicht gesehen, wie du den Verbrecher von den Steinen befreit und heimlich fortgeschafft hast, wie du ihn gesund gepflegt und für die

Flucht ausgestattet hast! Einer mehr, mit dem du meinen Vater hintergangen hast!

Du hast mir und deinem Bruder hinterherspioniert, Assia, aber gesehen hast du nichts. Dein Haß hat dich blind gemacht.

Ja, rede nur, Frau. Das hast du immer gut gekonnt. Mein Haß ist so offen und klar wie diese Messerklinge. Doch dein Haß, um keinen Deut geringer als der meine, liegt versteckt hinter deinem mitleidheischenden Geschwätz. Und alle fallen darauf herein, so daß du bisher ungeschoren davongekommen bist.

Ich habe dich nie gehaßt, Assia. Ich habe nur einen Menschen in meinem Leben gehaßt. Doch eher hätte ich mir die Zunge herausgeschnitten und die Hand abgehackt, als meinem Haß freien Lauf zu lassen. Es war ein Unglück, Assia!

Meine Hand ist da entschlossener und meine Zunge mutiger. Sie sagt dir freiheraus: Es wird kein Unglück sein! Nun, da du mir das Letzte genommen hast, was mir noch geblieben war, meinen Bruder, meine Hoffnung, wird dich nichts mehr retten!

Was tust du, Assia? Bist du wahnsinnig? – Ich werfe den Tisch um und springe dazwischen, als sie mit dem Messer auf Zarouia zustürzt. Zarouia ist ruhig sitzen geblieben. Ist es ihre Ruhe, die sich plötzlich auch in meiner Brust ausbreitet? Verwundert starre ich auf das Blut, das mir das Hemd rot färbt und auf die Erde tropft, ehe Assia ein zweites Mal zusticht.

Psst, leise! – Nadir läßt mich erst gar nicht zu Wort kommen. Er gibt mir ein Zeichen. Lautlos trete ich zu ihm an die leere Fensterhöhle, um zu sehen, was ihn so beunruhigt.

Ein Mann, eine Frau und ein Kind sitzen friedlich beim freitäglichen Picknick zusammen. Offenbar ein harmloser Familienausflug zur berühmten Festung El Menea. Dann entdeckt Laid, was Nadir in Panik versetzt hat: Der junge Familienvater gleicht aufs Haar dem Bandenchef und Polizisten, der den nächtlichen Überfall auf der Straße nach Ghardaia angeführt hat.

Ein Geräusch hinter ihnen läßt sie erschrocken herumfahren. Vier, fünf junge Männer, fast Kinder noch, blockieren den Eingang zu ihrer Kammer. Jeans, Lederjacken, die Halbstarkengang El Goleas, so kommt es Laid vor. Sie halten Bierflaschen in den Händen. Vielleicht sind sie nur hier, um ungestört zu saufen. Vielleicht aber sind sie auch gelangweilt von der Ereignislosigkeit des Oasenalltags. Dann werden sie sich diese Abwechselung nicht entgehen lassen: zwei heimliche Eindringlinge in ihr Revier! Würden Nadir und Laid hier leben, so würden sie sicher zur Bande gehören. Vermutlich wäre Nadir sogar ihr Anführer. – Aber sie gehören nicht dazu. Sie sind zwei Fremde. Nicht so fremd, daß man ihnen Ehre erweisen oder sie fürchten müßte, nicht so jung oder alt, daß sie als ebenbürtige Gegner nicht in Frage kämen, und genau in der Anzahl und von der Statur, ihnen ihre Überlegenheit gegen diese Invasoren zu sichern.

Sie sagen nichts. Und ihre Gesichter blicken ausdruckslos. Nadir kramt seinen Tabak hervor und dreht sich in aller Seelenruhe eine Zigarette. Dann bietet er sie den unerwarteten Besuchern mit spöttischer Miene an.

Wir rauchen nicht! – Offenbar der Bandenchef, der Nadirs Angebot schroff zurückweist: Was habt ihr hier zu suchen?

Nadir zündet sich die Zigarette an und nimmt einen tiefen Zug, ehe er antwortet: Hab hier mein Geschäft verrichtet. – Nach einem weiteren Zug: Konnte ja nicht ahnen, daß hier noch jemand wohnt.

Der Bandenchef macht ein paar Schritte auf uns zu. Er stößt mich grob zur Seite und löst einen Stein aus der Mauer hinter mir. Aus dem Versteck dahinter zieht er eine wie ein Pausenbrot in Plastik eingewickelte Pistole.

Nachdem er sich überzeugt hat, daß ihr Schatz unberührt geblieben ist, richtet er die Waffe auf Nadir: Wir mögen hier keine Schnüffler!

Schnüffler? Ihr haltet uns für Bullen? – Nadir lacht laut auf: Das wird ja immer besser!

Wir halten euch für gar nichts! Rick, Joe, durchsucht die Kerle!

Nadir, plötzlich todernst: Faßt mich ja nicht an, ihr Wichser! Wenn ihr hier weiter Räuber und Gendarm spielen wollt, meinetwegen, aber wir sind aus dem Alter raus. Komm, Laid!

Der Bandenführer entsichert seine Pistole. Sein hartes, unerbittliches Gesicht soll wohl die noch kindlichen Züge darin vergessen machen.

Aber kindlich heißt eben auch unberechenbar und dumm. Und die Augen der Bandenmitglieder sind erwartungsvoll auf ihn gerichtet. Eine Unendlichkeit lang ist alles in der Schwebe.

Eine fremde Stimme hinter den Jungen unterbricht diesen Augenblick des Stillstands: Eine Polizeipistole, nicht wahr, mein Junge? Sieht ganz nach Staatseigentum aus. Am besten gibst du sie mir, bevor man an höherer Stelle auf den Verlust aufmerksam wird!

Der eben noch picknickende Familienvater bahnt sich einen Weg durch die schweigsamen Jungen, zeigt seine Polizeimarke vor und nimmt dem Bandenführer die Pistole aus der Hand.

Und nun verschwindet! jagt er sie wie Kinder, die sie nun plötzlich wieder sind, hinaus.

Der Bandenchef will einen letzten Versuch unternehmen, seine Ehre zu retten, doch der Polizeioffizier fährt ihn böse an: Halt ja den Mund, Bursche! Sonst mach ich dir die Hölle heiß wegen Waffendiebstahls, Bandenunwesens und so weiter. Und glaub nicht, daß ich dein Gesicht vergesse!

Schweigend folgt der Junge den anderen. Der Polizist steckt die Waffe in den Gürtel seiner Hose. Unter seinem Jackett trägt er bereits eine Pistole in einem Schulterhalfter. Er bemerkt die mißtrauischen Blicke und grinst die beiden nun breit an: Vielleicht ist es besser, wenn ihr euer Picknick nicht alleine fortsetzt.

Wir haben es noch gar nicht begonnen, antwortet Nadir mürrisch.

Darf ich euch zu uns einladen? Meine Frau hat wie immer Proviant für eine ganze Kompanie eingepackt.

Übrigens, ich heiße Beshir. – Er streckt ihnen seine rechte Hand entgegen.

Zögernd schlägt Nadir ein: Ich bin Tschupo, und das ist Lucky!

Dann reicht Beshir Laid die Hand: Macht euch keine Gedanken. Meine Frau und mein Sohn werden sich über Gäste freuen.

Er führt sie aus dem zerfallenen Gemäuer hinaus. Die Sonne scheint ihnen heiß und gierig ins Gesicht. Hatte schon vergessen, daß es eine Welt außerhalb der Lehmmauern gibt.

Amal, ich habe zwei Gäste mitgebracht, Tschupo und Lucky.

Beshirs Frau blickt sie freundlich an: Setzt euch und greift zu!

Und der Kleine hier heißt Muhammed, fährt Beshir mit der Vorstellung seiner Familie fort. Muhammed, sage unseren Gästen guten Tag!

Der kleine Bursche schweigt verlegen. Bevor Beshirs fordernder Vaterstolz den Jungen ganz verstummen läßt, spricht Nadir ihn an: Hallo, kleiner Mann. Darf ich mich zu dir setzen?

Muhammed nickt.

Du schwänzt heute einfach die Schule?

Heute ist doch Freitag, Tschupo! belehrt Muhammed Nadir.

Natürlich, du hast recht. Das ist der Tag der Familienausflüge. Wo kommst du denn her?

Aus Timimoun.

Aus Timimoun? Da kommt ja auch mein Freund Lucky her!

Dann können wir Lucky ja mitnehmen, nicht wahr, Abba! – der Kleine blickt fragend zu seinem Vater.

Wenn Lucky heute noch dorthin will, kann er mit uns fahren.

Dann wendet Muhammed sich zu Laid: Machst du ein Foto von uns, Lucky?

Die Kamera ist mir unterwegs leider kaputtgegangen. Aber wenn du mich mal besuchst, werde ich dich sicher fotografieren. Ich habe ein eigenes Fotostudio.

In Timimoun?

In Bejaia.

Ist das weit weg von Timimoun?

Bejaia liegt am Meer.

Nun laß die beiden doch erst mal essen, sagt Amal lächelnd, bevor Muhammed die nächste Frage stellen kann.

Nadir greift nach einem Apfel. Muhammed macht es ihm nach. Nadir zwinkert ihm zu, Muhammed zwinkert zurück.

Warte, ich schäl dir den Apfel! – Beshir nimmt seinem Sohn die Frucht aus der Hand.

Nachdem er sie geschält und zerkleinert hat, bittet Nadir ihn um das Messer.

Aus seinem Apfel schnitzt er ein kleines dickes Männlein. Wir schauen ihm stumm bei seiner Arbeit zu.

Dann zieht er ein schmutziges Taschentuch und ein altes Schnürband aus der Hosentasche. Das Band zerschneidet er in vier Teile und verbindet damit die vier Enden des Tuchs mit dem Apfelmännchen.

Er gibt das Messer an Beshir zurück und reicht dem Knaben sein mysteriöses Werk.

Was ist das? fragt Muhammed den jungen Mann.

Das ist ein Fallschirmspringer, antwortet Nadir.

Was ist ein Fallschirmspringer?

Das ist ein Mann, der aus einem Flugzeug oder von einem hohen Gebäude oder von einer Brücke springen kann, ohne auf den Boden aufzuschlagen und zerschmettert zu werden. Denn er hat einen großen Schirm aus Seide, der seinen Sturz abfängt. Schau, ich zeig es dir!

Nadir wickelt das Fruchtmännchen ins Taschentuch und wirft es kraftvoll in die Höhe. Das verklebte Taschentuch entfaltet sich nicht richtig, das Männchen stürzt wie ein Stein zu Boden und zerplatzt in tausend Stücke.

Beshir grinst: Das Tuch ist zu klein und zu schwer. Wenn wir zu Hause sind, schnitze ich dir einen Fallschirmspringer aus Holz. Dann gibt die Mama uns eines ihrer Seidentüchlein, und du wirst sehen, der kleine Holztschupo wird ganz sanft zu Boden gleiten.

Normalerweise klappt es auch mit einem ganz normalen Baumwolltuch, wehrt sich Nadir.

Wahrscheinlich hast du es nur zu vollgerotzt, versucht Laid den Freund zu trösten. Amal lacht laut heraus.

Was soll das denn heißen? braust Nadir auf. Ich habe es bisher nur einmal benutzt, und zwar, um dir den Dreck aus dem Gesicht zu wischen, als du in Beni Isguen auf die Schnauze gefallen bist!

Unterwegs im roten Peugeot Beshirs. Sie sitzen auf der Rückbank, zwischen ihnen der kleine Muhammed.

Du bist also Fotograf? – Beshir schaut Laid durch den Rückspiegel fragend an. Laid nickt.

Und was magst du am Fotografieren?

Es ist ein Akt der Nichteinmischung, antwortet Laid nach kurzem Nachdenken.

Der Nichteinmischung? Ich als überwiegendes Opfer des fotografischen Aktes hätte erst mal das Gegenteil vermutet.

Alle akzeptieren, daß ein professioneller Fotograf, der vor die Wahl gestellt ist, eine Aufnahme zu machen oder sich einzumischen, selbstverständlich die Aufnahme vorzieht.

Selbst angesichts eines Unfalls oder eines Verbrechens?

Der Fotograf beschränkt sich auf die Rolle des Chronisten. Sonst würde man ihn seinen Beruf nicht unbehelligt ausüben lassen. Er will die Welt nicht verändern. Er will sie gerade so, wie er sie vorfindet.

Nadir zieht eine Patronenhülse aus dem Spalt zwischen Sitz und Rücklehne. Er will den Fund verbergen und schließt sofort die Faust um das versengte Stück Metall. Doch Muhammed hat es schon bemerkt: Zeig, was hast du da gefunden?

Sofort verwickelt Nadir den Kleinen in ein Spiel: Rate, in welcher Hand es steckt!

Da! ruft Muhammed und zeigt auf Nadirs rechte Faust.

Nadir öffnet die Faust und zeigt seine leere Handfläche her: Falsch!

Du nimmst einfach hin, was ist? setzt Beshir das Gespräch fort.

Ja, es gibt ein stillschweigendes Einverständnis mit dem, was geschieht. Zumindest während des Fotografierens soll es unverändert seinen Gang gehen. Wie käme man sonst an gute Aufnahmen?

Nadir wirbelt seine Hände durcheinander, als mische er ein Kartenspiel. Muhammed folgt den Bewegungen genau. Doch auf welche Hand er auch zeigt, er rät immer falsch.

Beshir beobachtet die Tricks Nadirs im Rückspiegel mit einem wohlwollenden Lächeln. Dann wendet er seine Aufmerksamkeit wieder Laid zu: Ich war in deinem Alter anders. Damals habe ich noch geglaubt, die Welt verändern zu können. Nicht nur zu können, sondern sie verändern zu müssen.

Wieder wirbelt Nadir seine beiden Fäuste unter dem Gemurmel unheimlicher Worte durcheinander, als könne er durch diesen Hokuspokus die Hände von den Armen trennen und neu zusammenschweißen. Dann hält er sie Muhammed hin, damit er eine Faust wähle. Der Junge umklammert mit seinen kleinen Händen beide Fäuste. Offenbar durchschaut er den Trick. Ehe er Nadir zwingen kann, eine nach der anderen zu öffnen, wird ihr Spiel unterbrochen.

Der Wagen hält an einem Kontrollpunkt. Beshir zeigt seinen Dienstausweis vor. Die Uniformierten grüßen und winken ihn durch. Ein älterer Offizier tritt gerade aus dem Wachhäuschen, als Beshir schon um die Sperrgitter herumkurvt. Er bemerkt den älteren Kollegen, hält erneut an und winkt ihn zu sich.

Hey, Zick! grüßt er den Kollegen. Was machst du denn hier?

Ich warte auf Zacharias, antwortet der Ältere. Er wollte mich hier auflesen und nach Timimoun fahren.

Hast du schon Feierabend?

Habe dienstlich in Timimoun zu tun.

Dann laß Zacharias doch ausrichten, du seiest mit mir gefahren. Zacharias kann ja nachkommen. Steig ein!

Der Alte nimmt die Einladung dankend an und quetscht sich zu Nadir, dem kleinen Muhammed und Laid auf die Rückbank des kleinen Peugeots.

Deine Familie? fragt der Mann namens Zick freundlich.

Meine Frau, mein Sohn Muhammed und zwei Freunde, die ebenfalls nach Timimoun müssen, erklärt Beshir.

Seid ihr aus Timimoun? wendet sich Zick an uns.

Nein! antwortet Nadir knapp. Und das Gespräch erstirbt, ehe es überhaupt richtig in Gang kommt. Der neue Passagier verbreitet eine unbehagliche Stimmung. Muhammed wechselt einen einvernehmlichen Blick mit Nadir und drängt sich enger an uns. Und selbst Beshir macht keine Anstalten, das Gespräch wieder aufzunehmen.

In einer Siedlung neuer Häuser, »Beverly Hills« nennen wir sie in Bejaia, weil sie überwiegend von Staatsdienern und Funktionären bewohnt werden und ein wenig außerhalb der Städte liegen, verlangsamt Beshir die Fahrt: Ich setze Amal und Muhammed nur kurz zu Hause ab und chauffiere euch dann zur Präfektur.

Muhammed verabschiedet sich herzlich von den beiden jungen Männern und stürmt dann seiner Mutter nach. Beshir und Zick tragen die Körbe mit den Picknickresten und dem Geschirr ins Haus. Unterdessen hält ein Pritschenwagen mit mehreren Frauen auf der Ladefläche in der Straße, offenbar das übliche Sammeltaxi hier in der Gegend. Eine ältere Matrone klettert schwerfällig über die niedrigen Seitenwände auf den staubigen Asphalt und läßt sich von den anderen Fahrgästen ihre Einkaufstaschen herunterreichen. Nadir ergreift Laids Hand. Laid fragt nicht lange, sondern folgt ihm wortlos.

Außer ihnen sitzen wirklich nur Frauen auf der Ladefläche des Pick-ups, ältere Frauen mit Körben und Netzen voller Obst und Gemüse und anderer Einkäufe. Vielleicht ist das ja inzwischen üblich in dieser Gegend, getrennte Taxis für Männer und Frauen, oder reine Frauentaxis. Ich war ja lange nicht mehr hier. Vielleicht aber haben es sich die männlichen Passagiere auch nur vorne beim Fahrer bequem gemacht.

Sie vermeiden jeden direkten Körperkontakt mit ihnen und schauen konzentriert auf das endlose Asphaltband hinter ihnen. Die Frauen sichern mit einer Hand ihre

Kopftücher gegen den Fahrtwind, mit der anderen halten sie ihre Taschen fest, damit sie nicht umfallen. Auch sie scheinen die jungen Männer gar nicht zu beachten.

Laid bemerkt den roten Peugeot zuerst. Sofort ducken sie sich auf die Ladefläche. Die Gesichter der Frauen zeigen keinerlei Überraschung.

Sie hören den Peugeot an ihnen vorbeibrausen. Doch kaum haben sie sich erleichtert wieder aufgesetzt, verlangsamt ihr Taxi seine Fahrt. Ein weiterer Kontrollpunkt blockiert die Straße. Bei den beiden Gendarmen mit ihren Maschinenpistolen und ihren kugelsicheren Westen stehen Beshir und Zick und mustern aufmerksam die Insassen der haltenden Fahrzeuge.

Nun kommen sie auf den Pick-up zu. Zunächst werfen sie einen prüfenden Blick in das Fahrerhaus. Während Zick die Papiere der Insassen kontrolliert, geht Beshir um den Wagen herum und mustert die Frauen und ihre Einkäufe. Mit einem Satz springt er auf die Pritsche und tritt gegen die Taschen und Körbe. Die Frauen erheben ein lautes Protestgeschrei.

Beshir läßt sich davon nicht einschüchtern. Nachdem er alles durchwühlt und sich vergewissert hat, daß sich niemand zwischen oder unter den Einkäufen versteckt, springt er wieder auf die Straße. Die Frauen werfen ihm zeternd die Obst- und Gemüsestücke hinterher, die er zertreten hat. Doch Beshir hat sich schon dem nächsten Fahrzeug zugewandt.

Das Taxi wird durch die Sperre gewunken und setzt seine Fahrt fort. Nadir und Laid kriechen mit roten, schweißnassen Gesichtern unter den Röcken zweier älterer, ehrwürdiger Matronen hervor. Die Mienen der Frauen bleiben ausdruckslos, bis auf ein Blitzen in den Augen vielleicht. Sie hocken sich wieder getrennt von ihnen an den Rand der Pritsche und beobachten die Straße.

Die beiden Matronen ordnen stumm ihre Röcke und zwinkern einander zu. Die anderen Frauen glauben sich von den beiden unbeobachtet und tauschen ein spöttisches Lächeln aus.

Sie halten auf einem rotsandigen Platz außerhalb der Kasbah. Die Frauen verabschieden sich mit einem stummen Gruß und zerstreuen sich schnell. Die letzte, jüngste von ihnen zögert: Es gibt hier zwar ein Hotel. Aber wenn ihr euch dort nicht sicher fühlt, dann wüßte ich ein anderes Nachtlager für euch.

Nadir schaut Laid grinsend an. Die Stadt scheint ihn bereits hier für sich eingenommen zu haben.

Ehe er antworten kann, sagt Laid der jungen Frau: Vielen Dank für Ihr Angebot. Aber ich habe Verwandte hier.

Dann wünsche ich euch ein glückliches Wiedersehen. – Sie nimmt ihre Einkäufe auf und eilt den anderen Frauen nach.

Und nun? fragt Nadir.

Ich würde endlich gerne frühstücken!

Es ist vier Uhr am Nachmittag!

Na und? Sind wir nicht gerade erst aufgewacht?

Sie gehen eine breite, palmengesäumte Allee entlang.

Auf der anderen Straßenseite ein Tor, das in den Kasr führt. Es ist aus rotem Lehm und sieht wie ein sudanesisches Grabmahl aus. Alles hier ist aus rotem Lehm. Das aber ist auch das einzige, an das ich mich erinnere. Mag sein, diese Allee außerhalb der alten Stadt ist erst angelegt worden, nachdem ich schon fort war.

Die jungen Leute halten sie wohl für Besucher. Sie streifen die beiden Männer nur mit dem neugierigen und ein wenig verächtlichen Blick der Einheimischen. Doch einige ältere Ladenbesitzer und Spaziergänger mustern Laid nachdenklich, als suchten sie die zu seinem Gesicht passende Erinnerung.

Ein alter Barbier steht vor seinem Salon und wartet, bis sie herangekommen sind. Dann spricht er Laid an: Willkommen in deiner Vaterstadt, junger Mann. Warte einen Augenblick.

Der Barbier verschwindet in seinem Laden.

Was will er von dir? fragt Nadir.

Keine Ahnung, antwortet Laid achselzuckend.

Mit einem ordentlich zusammengelegten Oberhemd kommt der Alte zurück: Nimm es, mein Junge! Es gehört dir.

Was ist das?

Das ist das Hemd, daß dein Vater bei seiner Heimkehr trug. Hier siehst du die Einschußlöcher!

Was soll ich damit?

Ich habe es für dich aufbewahrt. Zur Ermutigung.

Laid weigert sich, das Hemd auch nur zu berühren: Ich will diese Reliquie nicht. Und erst recht nicht deine Ermutigung!

Der Barbier läßt sich seine Enttäuschung nicht anmerken: Natürlich brauchst du meine Ermutigung nicht. Und das Hemd wäre dir ohnehin zu groß.

Du hast doch nicht im Ernst angenommen, daß ich es tragen würde!

Wir wußten, daß du irgendwann zurückkommen würdest.

Da wußtet ihr mehr als ich. Komm, Nadir. Ich brauche dringend einen Kaffee. – Sie lassen den Barbier vor seinem Laden stehen und betreten das nächste Café.

Da erwartet man eine Tragödie und bekommt ein löchriges Hemd geboten! spottet Nadir.

Du kennst die grauen Schwaden winziger Fliegen noch nicht, erwidere ich düster. Sie stechen zwar nicht, setzen sich aber zu Hunderten in die Augenwinkel und legen dort ihre Eier ab.

Der fensterlose Innenraum ist mit roten Sandreliefs geschmückt. Die ehemaligen Durchbrüche, die für ein mildes Licht und eine ständige Luftzirkulation sorgten, wurden zugemauert.

Sie setzen sich an einen Tisch nahe der Tür und bestellen zwei Mokka mit einem Schuß Milch.

Wortlos bringt der Wirt ihnen den Kaffee an den Tisch.

Gibt es auch etwas zu essen? fragt Laid ihn.

Ich kann euch zwei Käsebrote machen, antwortet er. Wenn ihr was Warmes wollt, müßt ihr in ein Restaurant gehen.

Zwei Käsebrote sind in Ordnung. – Kennen Sie zufällig die Familie al-Asis?

Ich kenne nicht alle Familien in Timimoun. Bin erst vor zwei Jahren aus Beni Abbes hergezogen.

Die Frau, Zarouia, lebt mit ihrem Cousin und ihrer Tochter zusammen. Ihr Mann, Ibrahim al-Asis, ist vor etwa zehn Jahren in seinem Haus erschossen worden.

Hab davon gehört. Es war wohl ein Unfall, wenn einige Leute auch behaupten, daß die Ehefrau am Tod ihres Mannes schuld sei. Aber was geht euch das an!

Plötzlich entdeckt Laid an einem Tisch unter dem dunkelroten Relief den seltsamen Fremden im Burnus. Der zernarbte Mann hebt sein Glas, als wolle er auf mich anstoßen, und starrt mir dabei so eindringlich in die Augen, daß ich für einen Moment den Wirt und Nadir und alles um mich herum vergesse. Wer ist der Mann? Und warum ist er mir bis hierher gefolgt? Er trinkt, ohne mich aus den Augen zu lassen. Dann setzt er das Glas ab, so hart am Rand der Marmorplatte, daß es das Gleichgewicht verliert, von der Tischkante rutscht und stürzt.

Ich war nie in der Hauptstadt. Aber ich weiß, es ist Algier. Algier im Winter. Ein grauer, regnerischer Tag. Ich trage einen schäbigen Burnus, schmutzig, eingerissen, der mich mehr schlecht als recht vor der Kälte schützt. Suche in Mülltonnen und Abfallhaufen nach Essensresten. Immer wieder jagen mich Kellner und Verkäufer von den Laden- und Kaffeehaustüren fort, weil mein heruntergekommenes Äußeres ihre Kundschaft erschrecken oder anekeln könnte.

Ich gehe auf eine Gruppe Obdachloser vor dem Bahnhof zu, die sich um eine rauchende Öltonne versammelt haben, um sich an der darin glimmenden Glut zu wärmen. Unter ihnen der Fremde im braunen, nicht ganz so schäbigen Burnus. Als er mich entdeckt, zischt er mich an: Verschwinde, Verfluchter, verpeste unsere Luft nicht!

Die anderen Obdachlosen blicken erstaunt.

Ein Verbrecher ist er, erklärt ihnen der Mann im Burnus, eines Verbrechens schuldig, das ihr euch schlimmer nicht vorstellen könnt.

Die Obdachlosen schütteln ungläubig den Kopf: Wir haben soviel Schlimmes gesehen! Was soll uns da noch schrecken?

Daud? spreche ich den fremden Mann an. Ich bin es, Laid, der einst im Oasengarten das Lager mit dir geteilt hat!

Laid, der Muttermörder, bist du! schreit Daud mich an. Habt ihr es gehört, Kameraden, nicht den Feind, nicht den Rivalen hat er erschlagen, die eigene Mutter hat er umgebracht! Seht ihn euch an, den Muttermörder, der das Heiligste erstochen hat, was ihm gegeben war, den Ursprung seines eigenen Lebens! Nun sagt, erschreckt euch das nicht? Habt ihr je Schlimmeres gesehen?

Ein Muttermörder? – Einen Augenblick stehen die Obdachlosen sprachlos vor Entsetzen da. Dann klauben sie Dreck und Abfälle zusammen und bewerfen mich damit.

Was tut ihr? Ich habe doch nur meine Sohnespflicht erfüllt!

Verflucht bist du! brüllen sie. Geh uns aus den Augen! Sohnespflicht! Nimm uns nicht das Wenige, was uns noch geblieben ist, unsere Schuldlosigkeit! Fort, fort mit dir, du Verächtlichste aller Kreaturen! – Sie holen glühende Holzscheite aus dem Faß und schlagen damit auf mich ein, während sie mich verfluchen: Niemand soll fortan mit dir sprechen, niemand dir zuhören, du Verkommenster unter den Verkommenen! Niemand soll dir in Zukunft noch Obdach geben oder das Essen mit dir teilen! Selbst unter den Obdachlosen sollst du obdachlos, unter den Hungernden ein Hungernder und unter den Verdammten ein Verdammter sein …

Ich stolpere davon. Mit den bloßen Händen lösche ich die Brandstellen in meinem Mantel und fühle nicht den Schmerz. Ich fliehe an den kleinen abfallübersäten Strand hinter dem Marinehafen, setze mich in den naßkalten Sand, lasse mir den Regen ins Gesicht peitschen und starre auf das schmutziggraue Meer.

Das Glas zerspringt auf dem Steinboden in tausend Stücke. Mir ist, als würden die Glassplitter bis zu unserem Tisch spritzen und in meine Haut eindringen, in meine Augen, meine Stirn. Als ich vom Boden aufblicke, ist der Tisch, an dem der Fremde gesessen hat, leer.

Alles in Ordnung, Laid? fragt Nadir besorgt.

Alles in Ordnung, Nadir. Laß uns gehen.

Wohin?

Ans Meer natürlich. Wohin sonst?

Sie stehen auf und treten aus dem Café auf die sonnenlichtüberflutete Hauptstraße. Auf dem Tisch läßt er neben einigen Münzen für ihre Brote und den Kaffee seine zerbrochene Kamera zurück.

Stell dir vor, wir wohnen am Meer, und meine Mutter hat es noch nie gesehen! sagt Nadir. Du weißt, bei uns schickt es sich nicht, daß Mädchen oder Frauen an den Strand gehen und baden. Eine anständige Frau gehört ins Haus.

Sie gehen an den Häusern aus roter Stampferde vorbei, an den Foggarabrunnen und der Präfektur.

Eines Tages frage ich meine Mutter: Soll ich dich an den Strand bringen? Aber sie lacht nur und sagt: Rede keinen Unsinn! Dein Vater würde mich nicht mehr ins Haus lassen. – Einmal wage ich es, meine Mutter ins Krankenhaus zu bringen. Es ist wirklich ein Notfall. Als mein Vater nach Hause kommt, fährt er mich an: Bist du verrückt geworden! Eine Frau gehört ins Haus!

Er stockt. Noch nie hat Nadir derart persönliche Dinge von sich erzählt. Und zu Hause, in Bejaia, würde er es wohl auch nicht getan haben.

Mit brüchiger Stimme fährt er fort: Ich weiß nicht, was mich daran hindert weiterzureden. Es ist, als stünde mein Vater hinter mir und hielte mir den Mund zu. Denn er war es, der sie so zugerichtet hatte, daß ich sie ins Krankenhaus bringen mußte. Ihr ganzer Körper war grün und blau geschlagen. Es tat mir so weh! Ich wollte es ihm tausendmal heimzahlen. Doch sie ist es, die mich zurückhält: Du kannst deinem Vater nichts antun! – Sie liebt ihn, liebt ihn immer noch. Oder fürchtet ihn. Ich versteh es nicht. Wie kann sie das alles hinnehmen und ertragen? Aber wenn sie das alles ertragen kann, warum weint sie dann und ruft mich zur Hilfe? – Dich an deinem Vater zu vergehen, ist keine Hilfe! ermahnt sie mich. Was dann?

Soll ich meinen Mund halten? Soll ich zulassen, daß er dich weiter verprügelt? Einmal greift er sogar zu einem Messer. Ich rufe: Aber was tust du da! Er brüllt mich an: Misch dich nicht ein! Und ich brülle zurück und lasse alles heraus, was sich in mir in all den Jahren angestaut hat. Und meinem Vater stehen Tränen in den Augen, als er das Messer sinken läßt und sagt: Sprich nicht so mit deinem Vater! Und mir wird klar, es ist nicht seine Schuld. Aber wessen Schuld dann?

Laid legt seinem Freund den Arm um die Schulter und führt ihn nicht tiefer in den verschachtelten Ksar mit seinen zugemauerten Wasserschöpfstellen und luftgetrockneten Dungziegeln, sondern aus dem Kindheitsort hinaus. Sicher würde er ihn gern erkunden. Und er ist wirklich der Entdeckung wert. Seine roten Lehmbauten unterscheiden ihn von allen Orten, die sie auf ihrer Reise passiert haben. Enge überbaute Gassen, dunkle tiefe Hauseingänge, ein Ort, der sich gegen die unbarmherzige Wüstensonne in sich selbst vergräbt. Aber er ist müde, würde sich gerne ausruhen. Und zu entdecken heißt ja immer auch, selber entdeckt zu werden.

Sie lassen die letzten Häuser hinter sich. An einer Autowerkstatt, schon außerhalb der Stadt, halten sie kurz an. Hallo, ruft Laid, ist jemand hier?

Ein junger Mechaniker kriecht unter einem alten Renault hervor, mit dessen Reparatur er wohl gerade beschäftigt war. Er blickt sie fragend an.

Zwei Lastwagenschläuche, bitte! Prall aufgepumpt! verlangt Laid.

Der Automechaniker steht auf und wischt sich seine ölverschmierten Hände an seiner Arbeitshose ab. Ein merkwürdiger Typ, schlank, grazil, ein Tänzer in blauem Drillich, nicht mehr so jung, wie das bartlose Gesicht mit den weichen weiblichen Gesichtszügen zunächst vermuten läßt, das Haar unter einer verfilzten Wollmütze verborgen.

Wofür braucht ihr die Schläuche? fragt er sie mit heller, mädchenhafter Stimme.

Als Rettungsringe! antwortet Laid knapp.

Rettungsringe? Mitten in der Wüste? – Es ist Nadir, der ihn fragend anblickt. Der Mechaniker hingegen geht wortlos zu einem Stapel alter Reifen, sucht zwei Schläuche hervor, pumpt sie auf und prüft mit dem Ohr nahe am schwarzen Gummi, ob sie dicht sind.

Hab zwar gehört, daß in der Wüste mehr Menschen ertrinken als verdursten. Aber heute sieht es wirklich nicht nach einem Wolkenbruch aus, oder?

Der Regen ist längst gefallen. Hast du es nicht bemerkt?

Der Mechaniker reicht ihm die prallen Schläuche. Laid will sie bezahlen. Er weist das Geld zurück: Ihr bringt sie doch nachher wieder zurück, nicht wahr? Ihr könnt ja sonst nichts mit ihnen anfangen, als darauf zu rodeln.

Danke. – Laid nimmt ihm die Schläuche aus den Händen, schwielig und ölverschmiert zwar, aber ganz anders als Nadirs Pranken, sondern eher den seinen ähnlich.

Sie stapfen zu den Dünen hinaus. Laid spürt, daß der Typ in seinem rauhen Drillich ihnen nachschaut. Aber keiner von ihnen beiden schaut sich nach ihm um.

Laid klettert voran, zeigt Nadir, wie er die Füße zu setzen hat, damit er in dem nachgiebigen Sand nicht abrutscht, bis sie die Dünenkrone erreicht haben. Als er ein wenig atemlos neben Laid steht, ist er stumm vor Erstaunen. Vor ihnen liegt das endlose gelbe Sandmeer des Grand Erg Occidental.

Ich denke, nun reicht es, nun muß er sich endlich satt gesehen haben. Ich gebe Nadir einen sanften Stoß, so daß er auf seinen fetten schwarzen LKW-Schlauch fällt. Dann schiebe ich ihn an. Ausgelassen jauchzend wie ich damals als Kind saust er auf diesem wunderlichen Gefährt die Düne hinunter. Ich springe auf meinen Reifen und schlittere ihm hinterher, bäuchlings den steilen Abhang hinab. Habe ich damit nicht meine Menschenpflicht erfüllt und wenigstens einen Augenblick meines Lebens in ungetrübter Freude verbracht?

Diese Arbeit wurde mit einem Stipendium der *Stiftung Preußische Seehandlung Berlin* gefördert.

Erste Auflage Berlin 2006

Göhrener Str. 7, 10437 Berlin, info@matthes-seitz-berlin.de

Druck und Bindung: Pustet, Regensburg
Umschlaggestaltung: neo design consulting, Bonn, unter Verwendung eines Stills aus dem Film *Timimoun* von Michael Roes

ISBN 3-88221-864-9
www.matthes-seitz-berlin.de